Einstieg in die Personaleinsatz- und Schichtplanung mit SAP® HCM

Thomas Schüttler

Willkommen bei Espresso Tutorials!

Unser Ziel ist es, SAP-Wissen wie einen Espresso zu servieren: Auf das Wesentliche verdichtete Informationen anstelle langatmiger Kompendien – für ein effektives Lernen an konkreten Fallbeispielen. Viele unserer Bücher enthalten zusätzlich Videos, mit denen Sie Schritt für Schritt die vermittelten Inhalte nachvollziehen können. Besuchen Sie unseren YouTube-Kanal mit einer umfangreichen Auswahl frei zugänglicher Videos: *https://www.youtube.com/user/EspressoTutorials*.

Kennen Sie schon unser Forum? Hier erhalten Sie stets aktuelle Informationen zu Entwicklungen der SAP-Software, Hilfe zu Ihren Fragen und die Gelegenheit, mit anderen Anwendern zu diskutieren:

https://forum.espresso-tutorials.com/.

Eine Auswahl weiterer Bücher von Espresso Tutorials:

- Marcel Schmiechen:
  Berechtigungen in SAP® ERP HCM – Einrichtung und Konfiguration *http://5160.espresso-tutorials.de*
- Marcel Schmiechen:
  Berechtigungen in SAP® ERP HCM – Erweiterung und Optimierungen *http://5161.espresso-tutorials.de*
- Wolf Kanngießer:
  Formulargestaltung in SAP® HCM – PDF-Formulare mit HR Forms erstellen *http://5198.espresso-tutorials.de*
- Stefan Endrejat:
  Personalabrechnung und Administration mit SAP® ERP HCM (SAP HR) *http://5201.espresso-tutorials.de*
- Udo Walsch, Stefan Endrejat:
  Schnelleinstieg SAP® SuccessFactors – Employee Central mit Recruiting und Learning *http://5429.espresso-tutorials.de*
- Udo Walsch, Lars Möller, Jürgen Schmitz:
  Praxishandbuch SAP®-Zeitwirtschaft (HCM-PT) – 2., erweiterte Auflage *https://es-tu.de/aVE32*

Bibliografische Information der Deutschen Nationalbibliothek
Die Deutsche Nationalbibliothek verzeichnet diese Publikation in der Deutschen Nationalbibliografie; detaillierte bibliografische Daten sind im Internet über https://portal.dnb.de abrufbar.

Thomas Schüttler
Einstieg in die Personaleinsatz- und Schichtplanung mit SAP® HCM

ISBN: 978-3-960122-93-7

Lektorat: Bernhard Edlmann, Die Korrekturstube

Korrektorat Die Korrekturstube

Coverdesign: Philip Esch

Coverfoto: © Andrii Yalanskyi | Nr. 1338104177 – istockphoto.com

Satz & Layout: Johann-Christian Hanke

1. Auflage 2024

URL: *www.espresso-tutorials.de*

Feedback:
Wir freuen uns über Fragen und Anmerkungen jeglicher Art. Bitte senden Sie diese an: *info@espresso-tutorials.com*.

Inhaltsverzeichnis

Vorwort

Dieses Buch bietet Ihnen als Anwender der SAP-Personaleinsatzplanung eine umfassende Lösungsbeschreibung für ein bewährtes und ausgereiftes Tool. Die beschriebenen Funktionalitäten entsprechen zum Großteil dem SAP-Standard und den notwendigen Voreinstellungen für die Personaleinsatzplanung. Diese werden von der SAP mit dem Modul SAP Human Capital Management (SAP HCM) als Standardeinstellungen ausgeliefert. Es bedarf nur sehr weniger Anpassungen, um mit der Personaleinsatzplanung zu starten. Mit den umfangreichen Erweiterungsmöglichkeiten dieses Moduls können sehr vielfältige Änderungen an der SAP-Personaleinsatzplanung vorgenommen werden. Es ist allerdings mein vorrangiges Ziel, Sie als Anwender mit den Grundfunktionalitäten vertraut zu machen und Ihnen die Planungsprozesse zu erläutern. Auf individuelle Einstellungsmöglichkeiten einzugehen, würde den Rahmen sprengen.

Sie finden hier also nachfolgend sehr viele Antworten auf Ihre Fragen, wenn Sie mit der SAP-Personaleinsatzplanung zu arbeiten beginnen. Darüber hinaus sind Hinweise zu Funktionalitätseinschränkungen enthalten, die Ihnen beim vertiefenden Arbeiten mit SAP HCM sicher einmal begegnen werden.

Da ich in viele Abschnitte zudem erprobte Tipps und Tricks habe einfließen lassen, profitieren nicht nur Anfänger von diesem Buch, sondern auch erfahrene Einsatzplaner.

Hinweise zu Systemeinstellungen suchen Sie auf diesen Seiten vergeblich. Genau dies ist beabsichtigt: Als Anwender werden Sie vermutlich niemals mit Systemeinstellungen zu tun haben – ich richte Ihren Blick deshalb auf das Wesentliche. Sie sollen Ihre Mitarbeiter bestmöglich nach Ihren Anforderungen verplanen und sich nicht mit technischen Details belasten, die für Sie ohnehin kaum Bedeutung haben.

Kurzer Überblick über die Inhalte des Buches

In **Kapitel 1** erläutere ich Ihnen die Grundlagen einer Personaleinsatz- oder Schichtplanung und erklären wichtige Fachbegriffe, auf die Sie in Zusammenhang SAP HCM immer wieder stoßen – denn Sie werden sich oftmals Fragen stellen wie: Was ist eine Organisationseinheit, eine Wertehilfe oder eine ALV-Liste?

Den kompletten Prozess der Personaleinsatzplanung behandle ich in **Kapitel 2**. Dabei kommen auch die Möglichkeiten zur Sprache, die Ihnen die SAP-Personaleinsatzplanung bietet, um die Grundbedürfnisse einer Schichtplanung abdecken zu können.

Um die detailliertere Planung wird es in **Kapitel 3** gehen, das sich den Bedarfen widmet. Am Ende werden Sie in der Lage sein, qualifizierte Mitarbeiter effizienter einzusetzen bzw. sich automatisiert Mitarbeiter für unbesetzte Schichten oder Einsätze vorschlagen zu lassen.

Mit den Planungsergebnissen und deren Auswertungen in **Kapitel 4** runde ich die Darstellung der Möglichkeiten der SAP-Personaleinsatzplanung ab und beschließe sie mit einem Fazit.

Um die Darstellungen anschaulicher zu gestalten, verwende ich in diesem Buch eine Beispielfirma mit dem Namen QLI GmbH, Standort Mitte, mit den Bereichen Verkauf, Service, Kundendienst, Produktion 1 und Lager. Diese Organisation ist selbstverständlich fiktiv, die dort zu verplanenden Mitarbeiter und deren Namen sind frei erfunden.

In den Text sind Kästen eingefügt, um wichtige Informationen besonders hervorzuheben. Jeder Kasten ist zusätzlich mit einem Piktogramm versehen, das diesen genauer klassifiziert:

Hinweis

Hinweise bieten praktische Tipps zum Umgang mit dem jeweiligen Thema.

Beispiel

Beispiele dienen dazu, ein Thema besser zu illustrieren.

! Achtung

Warnungen weisen auf mögliche Fehlerquellen oder Stolpersteine im Zusammenhang mit einem Thema hin.

Die Form der Anrede

Um den Lesefluss nicht zu beeinträchtigen, verwenden wir im vorliegenden Buch bei personenbezogenen Substantiven und Pronomen zwar nur die gewohnte männliche Sprachform, meinen aber gleichermaßen Personen weiblichen und diversen Geschlechts.

Hinweis zum Urheberrecht

Sämtliche in diesem Buch abgedruckten Screenshots unterliegen dem Copyright der SAP SE. Alle Rechte an den Screenshots hält die SAP SE. Der Einfachheit halber haben wir im Rest des Buches darauf verzichtet, dies unter jedem Screenshot gesondert auszuweisen.

1 Grundlagen

Die Personaleinsatzplanung umfasst im Wesentlichen die Maßnahmen, die zu einem bedarfsgerechten Personaleinsatz beitragen. Service- oder Kostenaspekte runden diese Maßnahmen ab. In diesem Kapitel schildere ich Ihnen kurz die Vorteile, die Sie aus der Nutzung der SAP-Personaleinsatzplanung ziehen, und mache Sie mit den wichtigsten Grundbegriffen vertraut, die Sie für deren Einsatz kennen müssen.

1.1 Warum Personaleinsatzplanung mit SAP?

Einsatzplanung im Allgemeinen und Personaleinsatzplanung im Besonderen werden häufig auch heute noch manuell durchgeführt, d. h. entweder auf Plantafeln, Formtafeln oder auch »IT-manuell« in Tabellenkalkulationsprogrammen. Dies hat zahlreiche Nachteile.

Die Prozesse der Personaleinsatzplanung sind auf vielfältige Weise mit Daten verzahnt, die in der Regel in einem zentralen System des Unternehmens gepflegt werden. Solche Daten können sein:

- Stammdaten des Mitarbeiters – hierzu gehören neben Personalnummer und Namen z. B. auch Telefonnummer, E-Mail-Adresse und organisatorische Daten;
- vorhandene Qualifikationen zur Person – hier sind auch geforderte Qualifikation, z. B. zum Arbeitsplatz, von Belang;
- Abwesenheitsdaten – für den Planungsprozess kann es überaus wichtig sein, Urlaubskontingente der Mitarbeiter zu kennen, um auf Resturlaube innerhalb des Jahres zu blicken, damit Sie als Planer nicht zum Jahresende Großteile der Urlaube gewähren müssen und in personelle Engpässe geraten;
- aktuelle und hochgerechnete Stände von Zeitkonten, z. B. Überstunden, sind ebenso ein wichtiger planerischer Faktor,

um bei einem Überangebot an Mitarbeitern positive Konten abzubauen und Mitarbeiter zusätzliche freie Tage zu gewähren oder im umgekehrten Fall, bei Personalunterdeckungen, die Mitarbeiter mit negativen Stundenkonten eher zu rekrutieren als die Mitarbeiter mit ausgeglichen Zeitkonten; einige Unternehmen verbuchen z. B. auch die Anzahl von Feiertags- oder Wochenenddiensten pro Jahr oder von Bereitschaftsdiensten in Monaten oder Quartalen; Gerechtigkeit innerhalb der Abteilung steht hierbei im Vordergrund.

Bei all diesen Daten ist die manuelle zusätzliche Pflege, sei es auf der Plantafel oder in Microsoft Excel (MS Excel), nicht nur aufwendig, sondern auch fehleranfällig, insbesondere dann, wenn sich Daten häufig ändern. Eine Abwesenheit, die z. B. vom Mitarbeiter über den Employee Self Service im Intranet gepflegt wird, sind in einem integrierten System automatisch überall dort verfügbar, wo geplant wird.

Eine moderne Personaleinsatzplanung muss für die Durchgängigkeit möglichst aller beteiligten Prozesse sorgen, damit die oben erläuterten Ziele der Personaleinsatzplanung optimal erreicht werden. Zudem können moderne Pflegeoberflächen die Arbeit in der Personaleinsatzplanung wesentlich vereinfachen. Pop-ups für Details, Sprünge in andere Sichten, Plausibilitätsprüfungen etc. sind Hilfen, die bei manuellen Verfahren nicht zur Verfügung stehen und bei MS-Excel-Anwendungen aufwendig programmiert werden müssten.

Die erforderlichen Funktionalitäten bietet die SAP-Personaleinsatzplanung. Sie ist schnell und effizient anwendbar und komplett integriert in das stammdatenführende System SAP HCM, das alle Mitarbeiterdaten vorhält. Alle notwendigen zeitwirtschaftlichen Daten lassen sich ebenso abbilden. Um die Mitarbeiter adäquat zu planen, sind keinerlei Schnittstellen zu anderen Systemen erforderlich, die Software wird einer Vielzahl von planerischen Anforderungen gerecht. Neben einer quantitativen erlaubt sie auch eine qualitative Bedarfsplanung, soweit ein Qualifikationskatalog gepflegt wird und die Mitarbeiter entsprechende Qualifikationen haben.

1.2 Grundbegriffe

Im Verlauf des Buches werden Sie gelegentlich auf bestimmte Begrifflichkeiten stoßen, die langjährigen SAP-Anwendern schon in Fleisch und Blut übergegangen sind, von denen die eine oder andere Ihnen möglicherweise noch neu ist. Daher möchte ich Sie hier nicht nur mit einigen Grundfunktionalitäten innerhalb eines SAP-Systems vertraut machen, sondern auch mit einigen wichtigen Termini, die damit im Zusammenhang stehen.

1.2.1 Berechtigungsrollen

Eine *Berechtigungsrolle* ermöglicht Ihnen Zugriff auf die Funktionalitäten, die Sie im täglichen Einsatz in SAP HCM benötigen. Sie ist ebenso dafür verantwortlich, welche Einträge nach der Anmeldung in Ihrem persönlichen Benutzermenü auf der linken Seite erscheinen (siehe Abbildung 1.1).

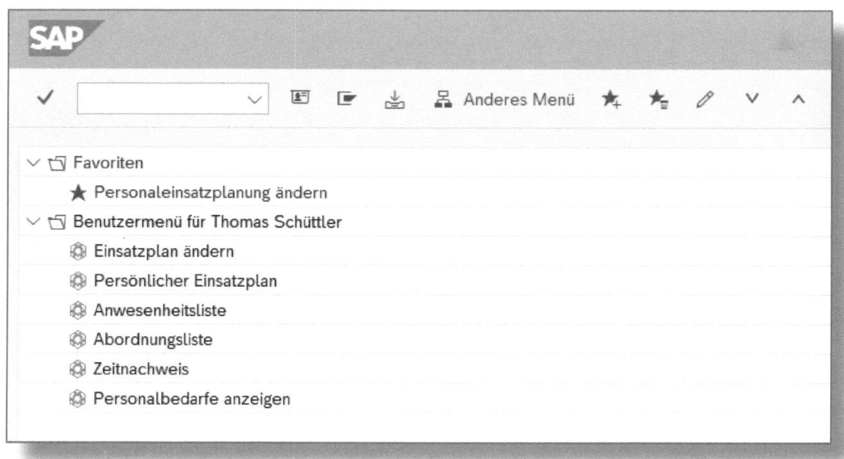

Abbildung 1.1: Benutzermenü

1.2.2 Benutzeroberfläche

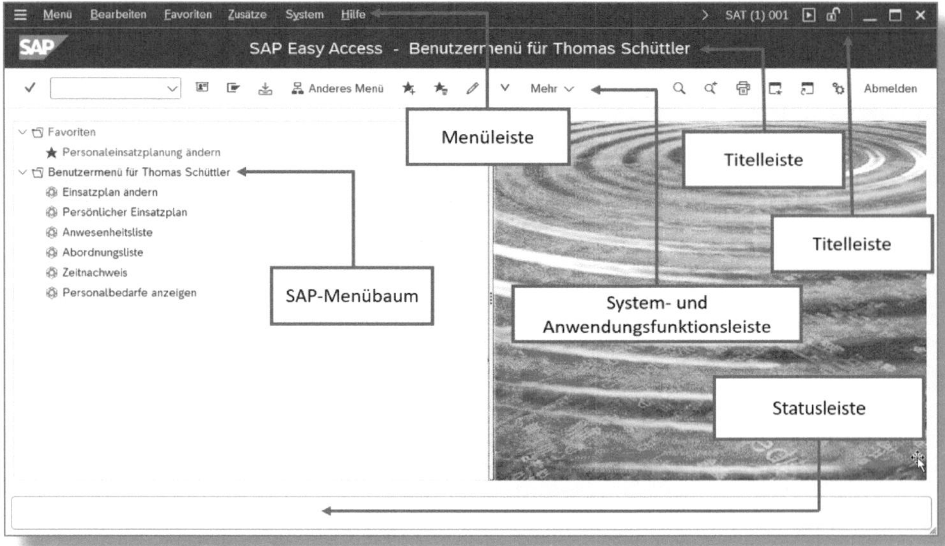

Abbildung 1.2: Einstiegsbildschirm nach Anmeldung

Die *Benutzeroberfläche* von SAP (siehe Abbildung 1.2) besteht aus folgenden Elementen:

- *Menüleiste* – die hier angezeigten Menüs sind von der jeweiligen Anwendung abhängig, in der gerade gearbeitet wird. In diesen Menüs werden Untermenüpunkte, sogenannte Aktionsmenüs, angeboten.
- *Titelleiste* – die Titelleiste zeigt an, auf welcher Bildschirmmaske Sie sich aktuell befinden.
- *Systemfunktionsleiste* mit *Kommandofeld* – die Icons in der Systemfunktionsleiste sind auf jedem SAP-Bildschirmbild vorhanden. Wenn sie – je nach Anwendung – nicht nutzbar sind, werden sie ausgegraut. Wenn Sie den Cursor einen Moment auf einem Icon stehen lassen, erscheint eine Anzeige mit dessen Namen bzw. dessen Bedeutung. Zusätzlich ist die entsprechende Funktionstastenbelegung erkennbar. Das

Kommandofeld lässt sich ein- oder ausblenden. Dort können Sie Anwendungen/Transaktionen (Befehle zum Aufrufen von Masken oder Programmen) direkt über die Eingabe anwählen.

- *Anwendungsfunktionsleiste* – über die jeweiligen Drucktasten starten Sie anwendungsbezogene Funktionen direkt.
- *SAP-Menübaum* – den Menübaum finden Sie nur im Einstiegsbildschirm. Er ist gemäß der SAP-Struktur hierarchisch aufgebaut und dient dem mausbasierten Aufruf der SAP-Transaktionen.
- *Statusleiste* – in der Statusleiste werden Informationen zum momentanen Systemstatus, z. B. Warnungen und Fehlermeldungen, angezeigt (eine Meldung auf der Statusleiste sehen Sie z. B. in Abbildung 3.13).

Druck- bzw. Symboltasten

Tabelle 1.1 gibt Ihnen eine Übersicht über die wichtigsten Druck- bzw. Symboltasten und zeigt Ihnen, über welche Tastenkombination Sie diese aufrufen.

Druck- bzw. Symboltaste	Tasten bzw. Tastenkombination	Funktion
✓	Enter	weiter, bestätigen
<	F3	zurück zum vorhergehenden Bildschirm
(Diskette)	F11	Sichern, Buchen der getätigten Eingaben
⇞	⇧ + F9	Anfang der Information, erste Seite
↑	⇧ + F10	vorhergehende Bildschirmseite
↓	⇧ + F11	nachfolgende Bildschirmseite
⇟	⇧ + F12	Ende der Information, letzte Seite

Druck- bzw. Symboltaste	Tasten bzw. Tastenkombination	Funktion
		neuen Modus erzeugen
	Ctrl + P	Drucken
	Ctrl + F	Suchen in der Liste
	Ctrl + G	Weitersuchen
		weitere Optionen, Einstellungen

Tabelle 1.1: Druck- und Symboltasten auf der SAP-Benutzeroberfläche

Das SAP-System bietet die Möglichkeit, mit mehreren Fenstern/Modi gleichzeitig zu arbeiten. Der *Modus* bezeichnet in der SAP-Sprache ein Fenster auf der grafischen Benutzeroberfläche, in dem eine Anwendungsfunktion bearbeitet wird. Beim Anmelden im SAP-System öffnet das System den ersten Modus. Sie können bis maximal sechs Modi gleichzeitig geöffnet haben.

1.2.3 Transaktionscodes

Mit einem sogenannten *Transaktionscode* führen Sie Funktionalitäten im SAP-System aus. So müssen Sie nicht in Menüs oder Navigationsbäumen nach den entsprechenden Programmteilen suchen, sondern gelangen direkt an die Stelle, die Sie bearbeiten wollen. Viele in diesem Buch erwähnten Funktionalitäten sind durch Transaktionscodes direkt zu erreichen. In den jeweiligen Kapiteln gehe ich auf die spezifischen Transaktionscodes ein.

Wenn Sie aus dem Anmeldefenster in die Personaleinsatzplanung gelangen wollen, geben Sie in dem Kommandofeld den Transaktionscode *PP61* ein (siehe Abbildung 1.3).

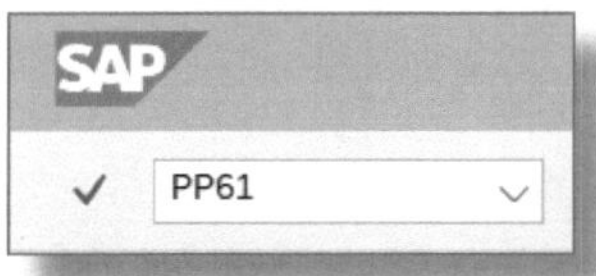

Abbildung 1.3: Aufruf der SAP-Personaleinsatzplanung im Kommandofeld

Eine Transaktion aus einer Transaktion heraus öffnen

Sie können eine Transaktion aus einer Transaktion heraus aufrufen, gelangen also sprichwörtlich aus einem Programm in das nächste. In diesem Fall müssen Sie dem Transaktionscode ein */n* voransetzen. Wenn Sie aus einem Programm in ein anderes navigieren möchten, ohne das bisherige zu verlassen, geben Sie vor der Transaktion ein */o* ein, dann öffnet sich ein weiterer Bildschirmmodus mit dem aufgerufenen Programm.

1.2.4 Favoriten

Einige Anwender nutzen gerne *Favoriten*, die sich oberhalb des Benutzermenüs anlegen lassen. Hierzu gibt es unterschiedliche Möglichkeiten. Über den Ordner Favoriten können Sie mit der rechten Maustaste ein Menü einblenden (siehe Abbildung 1.4).

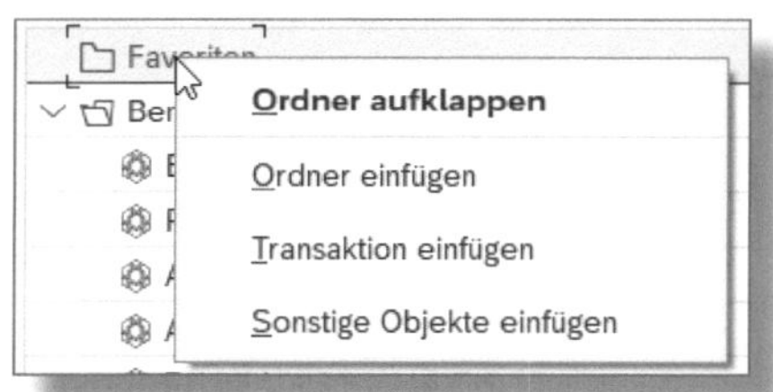

Abbildung 1.4: Favoritenmenü

Unter dem Menüpunkt TRANSAKTION EINFÜGEN können Sie nun die oben erwähnte Transaktion *PP61* direkt eintragen (siehe Abbildung 1.5).

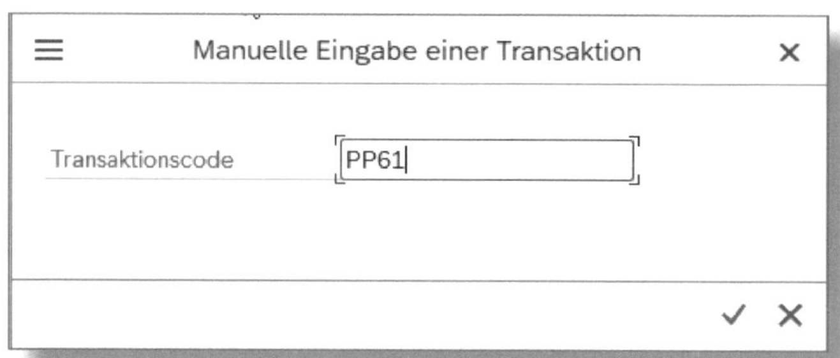

Abbildung 1.5: Favoriten anlegen

Abbildung 1.6 zeigt die angelegten Favoriten.

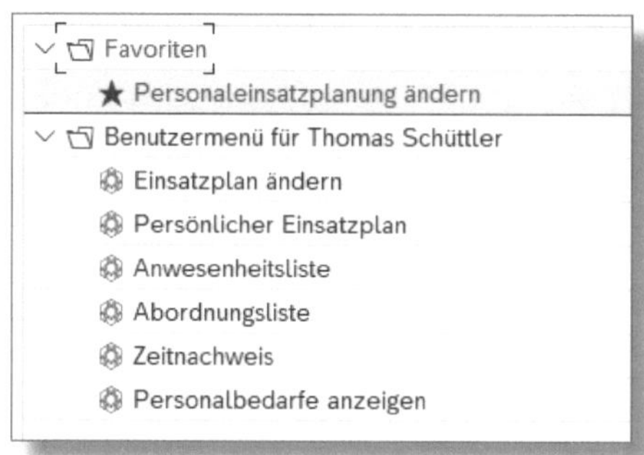

Abbildung 1.6: Angelegte Favoriten

Eine weitere Möglichkeiten zur Anlage sowie zum Löschen von Favoriten bieten die Icons rechts neben der Systemfunktionsleiste (siehe Abbildung 1.7):

- Anlage eines Favoriten
- Löschen eines Favoriten
- Umbenennen eines Favoriten

Abbildung 1.7: Favoriten-Icons

Des Weiteren können Sie in der Anwendung selbst über den Menüpfad SYSTEM • BENUTZERVORGABEN • FAVORITEN ERWEITERN direkt einen Favoriten anlegen.

1.2.5 Hilfefunktionen

Im SAP-System stehen Ihnen mehrere Hilfefunktionen zur Verfügung.

Kontextorientierte Hilfe per Funktionstaste

Während des Arbeitens in der jeweiligen Anwendung können Sie mittels der *Funktionstaste* [F1] oder über das Hilfemenü die kontextorientierte Hilfe aufrufen.

Von den spezifischen Erläuterungen zu dem angeforderten Hilfethema lässt sich häufig auf die Bibliothek zur erweiterten Dokumentation verzweigen.

Wird dagegen ein einzelnes Feld via [F1] aufgerufen, erscheint in einem neuen Fenster der Performance Assistant (siehe Abbildung 1.8) mit Detailinformationen zu diesem Feld. Das neue Fenster wird durch Klick auf [×] wieder geschlossen.

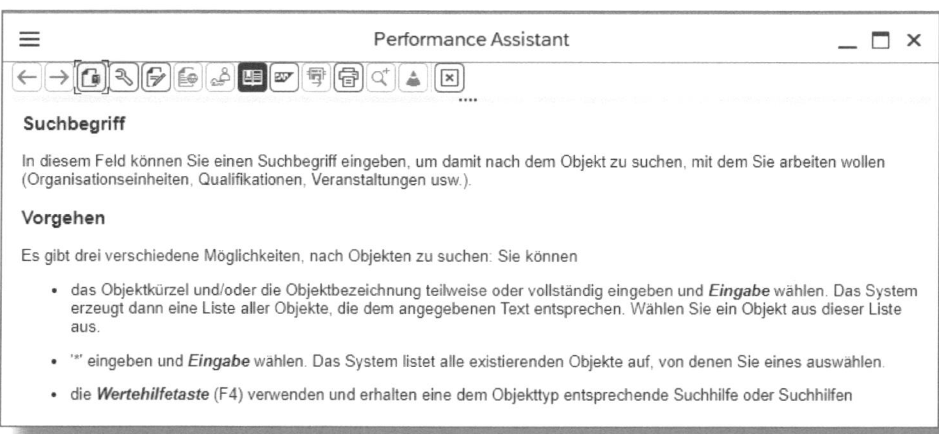

Abbildung 1.8: Performance Assistant

Die Wertehilfe

Außer der kontextorientierten Hilfe können Sie bei Eingabefeldern über die Taste F4 bzw. auch eine Werteliste anfordern.

Wird die Werteliste nicht eingeschränkt, werden alle Eingabemöglichkeiten laut Systemeinstellungen angezeigt. Wenn die Anzahl der Werte größer als 500 ist, kann es sein, dass Sie einen Wert nicht finden und die Suche verfeinern müssen.

Suche verfeinern

Kombinieren Sie die *Wertehilfe* mit einem »*« für unbekannte Zeichen, wenn Sie nach einem Begriff suchen, aber nicht wissen, wie dieser komplett ausgeschrieben wird. Die Eingabe von »*lab*« zeigt Ihnen alle Begriffe, die »lab« beinhalten, wie z. B. alle Labore oder »*prod*« für alle Produktivbereiche. Somit können Sie die Suche in der Wertehilfe, wenn Ihnen mehr als 500 Werte zur Verfügung stehen, adäquat eingrenzen.

1.2.6 Organisationsmanagement

Das *Organisationsmanagement* ist eine Komponente in SAP HCM, die eine Aufbauorganisation Ihres Unternehmens abbildet. Sie ist gleichzusetzen mit einem Organigramm. SAP nutzt diese Komponente für viele weitere Anforderungen. Für Sie als Anwender der Personaleinsatzplanung ist aber an dieser Stelle nur die Aufbauorganisation wichtig. Abbildung 1.9 zeigt anhand unserer Beispielorganisation, der QLI-Gruppe, wie eine Aufbauorganisation aussieht.

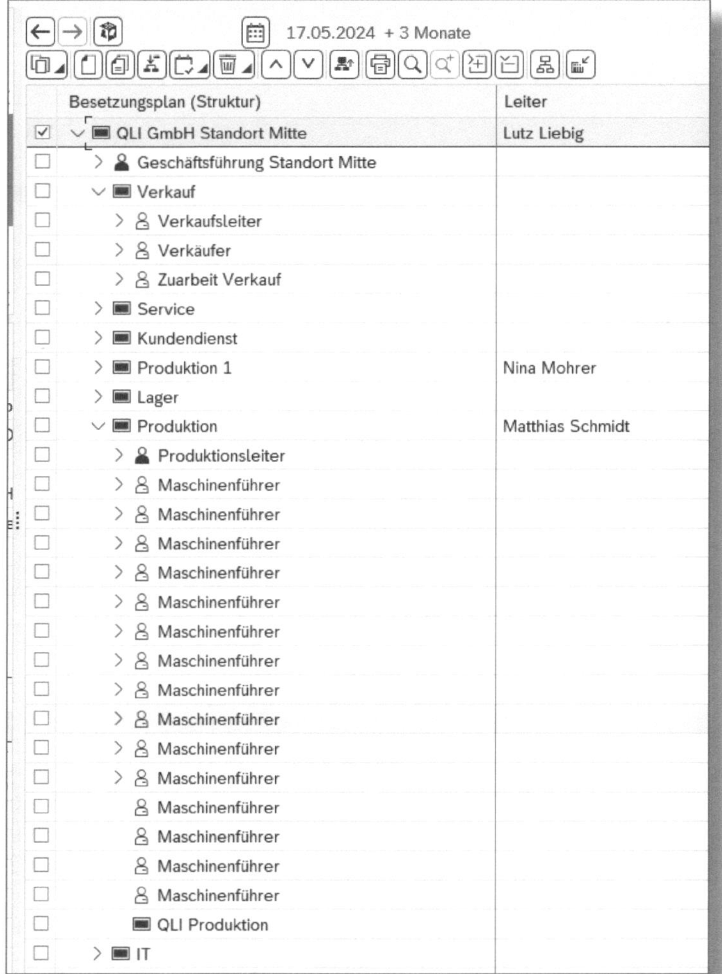

Abbildung 1.9: Organisationsmanagement in SAP HCM

Jeder Bereich oder jede Abteilung wird in SAP HCM als *Organisationseinheit* bezeichnet und hierarchisch in der Aufbauorganisation dargestellt. Innerhalb von Organisationseinheiten bilden *Planstellen* die zu besetzenden Positionen ab, mit denen wiederum Mitarbeiter verknüpft sind. Dies können z. B. Produktionsmitarbeiter, Verkaufsleiter, Ärzte oder Abteilungsleiter sein.

Von den Planstellen zu unterscheiden sind die *Stellen*. Sie stellen keine Positionen dar, sondern eher Klassifikationen von Funktionen in der Aufbauorganisation. Exemplarisch ist dies in Abbildung 1.10 zu sehen.

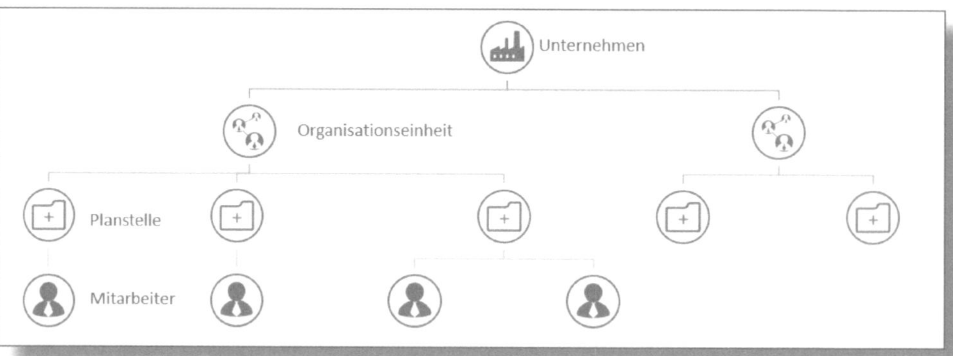

Abbildung 1.10: Aufbauorganisation in SAP HCM

1.2.7 Datenbanken

Sie werden in diesem Buch immer wieder mit den Begriffen der SAP-HCM-Zeitwirtschaft in Berührung kommen. Dies können beispielsweise An- und Abwesenheiten, Vertretungen, Zeitereignisse sowie Zeitumbuchungen sein. Hierzu sollten Sie wissen, dass die Planungsoberfläche der SAP-Personaleinsatzplanung eine Oberfläche zur Erfassung der genannten zeitwirtschaftlichen Bestandteile ist und diese auf Datenbanken gespeichert werden.

Für den Personalsachbearbeiter sind diese Datenbanken über sogenannte Informationstypen in den Stammdaten eines Mitarbeiters aufrufbar. Für Sie als Planer tauchen sie hingegen immer auf der Oberfläche der SAP-Personaleinsatzplanung auf. Sie werden somit gar nicht merken, dass Sie aus folgenden Datenbanken lesen und in sie schreiben:

- *2001 Abwesenheiten* – Beispiele für Abwesenheiten eines Mitarbeiters sind insbesondere Urlaub (ID im Standard: *0100*) oder Krankheit (ID im Standard: *0200*). Ganztägige Abwesenheiten pflegen Sie auf der Planungsoberfläche direkt über ein Einsatzkürzel (siehe Abschnitt 2.3.2), untertägige Abwesenheiten (z. B. eine untertägige Krankheit oder einen Arztbesuch) nur über die Details zum Einsatz (siehe Abschnitt 2.3.2):

- *2002 Anwesenheiten* – Anwesenheiten eines Mitarbeiters sind zum Beispiel geleistete Arbeitszeit, Dienstreisen, Seminarbesuche oder eine Referententätigkeit. Sie sind ähnlich zu verplanen wie die Abwesenheiten.
- *2003 Vertretungen* – dies sind Arbeitszeiten, die von der vertraglich festgelegten täglichen Arbeitszeit abweichen; im Grunde genommen also eine Schichtplanung. Jede Schicht, die über die Planungsoberfläche bei den Mitarbeitern eingetragen ist, wird auf dieser Datenbank gespeichert.
- *2004 Bereitschaften* – in vielen Unternehmen gibt es zwei unterschiedliche Arten von Bereitschaften, erstens die Rufbereitschaft (der Mitarbeiter muss sich zu Hause bereithalten, um bei Bedarf an seine Arbeitsstätte zu fahren), zweitens die Anwesenheitsbereitschaft (der Mitarbeiter hält sich zwar an der Arbeitsstätte auf, verrichtet aber nicht kontinuierlich Arbeit). Diese werden zusätzlich zu den normalen Schichtzeiten auf der Planungsoberfläche der SAP-Personaleinsatzplanung über eine eigene Zeile pro Mitarbeiter erfasst.
- *2006 Abwesenheitskontingente* – dies sind im Zusammenhang mit den Abwesenheiten die Kontingente, die einem Mitarbeiter gesetzlich und tariflich zustehen, z. B. ein Urlaubskontingent, Schwerbehindertenkontingent oder Mehrarbeitskontingent. Als Planer können Sie diese nicht direkt ändern, sondern greifen in der Regel lesend darauf zu, um wichtige Informationen z. B. über Resturlaube zu erhalten. Durch das Eintragen von Urlaub bewirken Sie jedoch indirekt die Abtragung dieses Kontingents.
- *2011 Zeitereignisse* – hierbei handelt es sich um die Zeiterfassungen der Mitarbeiter, die jeden Tag aktiv ihre Arbeitszeit an einem Zeiterfassungsgerät (Stempeluhr) dokumentieren. Auch auf Zeitereignisse haben Sie als Planer keinen direkten Zugriff, können sie aber über die SAP-Personaleinsatzplanung einsehen.

- *2012 Zeitumbuchungen* – mit Zeitumbuchungen nehmen Sie direkten Einfluss auf Zeitsalden oder Lohnarten, etwa durch eine Korrektur des Tagessaldos, d. h., Sie erhöhen z. B. den Tagessaldo eines Mitarbeiters und schreiben positive Stunden auf sein Zeitsaldo. Am häufigsten wird dies genutzt, wenn etwa ein Mitarbeiter an einem arbeitsfreien Tag einspringt und er diese Stunden nicht auf das Stundenkonto schreiben lassen, sondern sie sich direkt auszahlen lassen möchte.

Die letzten Punkte sind Bestandteile der SAP-Zeitwirtschaft, die ich in diesem Buch zwar nicht beschreibe; Sie sehen jedoch bereits hier, dass Sie mit der SAP-Personaleinsatzplanung als Planer auch direkt in diese eingreifen können.

1.3 Fazit

Ich habe Ihnen in diesem Kapitel die Grund- und Fachbegrifflichkeiten zum System erläutert, begleitet mit verschiedenen Praxistipps, die Ihnen bei der Arbeit mit SAP und gerade mit der Personaleinsatzplanung helfen werden. Als SAP-Einsteiger oder Gelegenheitsanwender sollten Sie nun ebenso gut vorbereitet sein wie der erfahrene SAP-User, um die speziellen Kapitel zur SAP-Personaleinsatzplanung zu erkunden.

2 Prozess der Personaleinsatzplanung

In diesem Kapitel lernen Sie die Funktionalitäten des kompletten Planungsprozesses mit der SAP-Personaleinsatzplanung (Transaktion *PP61*) kennen. Neben der Nutzung der Plantafel werden hier auch die Möglichkeiten der bedarfsorientierten Planung beschrieben und aufgezeigt.

2.1 Einstieg in die Einsatzplanung

Zur Pflege des Einsatzplans steht Ihnen im SAP-Menü über den Pfad PERSONAL • PERSONALZEITWIRTSCHAFT • EINSATZPLANUNG – EINSATZPLAN die Transaktion *PP61* (Einsatzplan ändern) zur Verfügung. Nach deren Aufruf erscheint das Selektionsbild der Personaleinsatzplanung (siehe Abbildung 2.1).

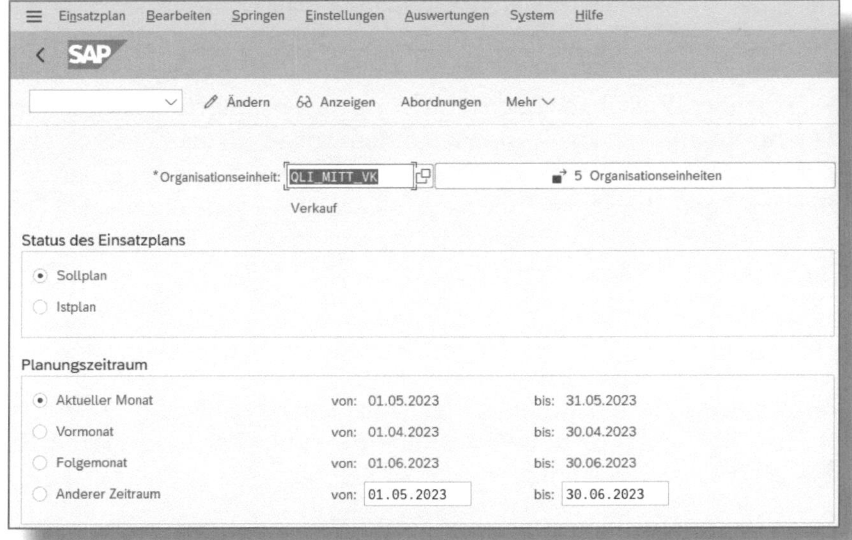

Abbildung 2.1: PP61 – Personaleinsatzplanung ändern

Das Einstiegsbild setzt sich aus einem Menübereich, Schaltflächen mit Funktionen im Kopfbereich (neben dem Transaktionsfenster) sowie den drei relevanten Selektionen ORGANISATIONSEINHEIT, STATUS DES EINSATZPLANS und PLANUNGSZEITRAUM zusammen. Im Detail erläutere ich Ihnen das in den Abschnitten 2.1.1, 2.1.2 und 2.1.3.

2.1.1 Organisationseinheit wählen

Zum Aufruf der Planungsoberfläche nutzen Sie die entsprechenden Organisationseinheiten, denen die Mitarbeiter zugeordnet sind (siehe Abbildung 2.2). Wir bleiben an dieser Stelle bei unserer schon in der Einleitung beschriebenen QLI GmbH, Standort Mitte.

Abbildung 2.2: Selektionsbild der Organisationseinheit

Über die Wertehilfe steigen Sie direkt in die Auswahl des Organisationsmanagements und deren Organisationseinheiten ein (siehe Abbildung 2.3).

Hierzu möchte ich Ihnen noch einen Tipp geben: Sollten Sie nur auf definierte Organisationseinheiten zugreifen wollen, können Sie sich eine *persönliche Liste* anlegen, die Ihnen im Alltag von Nutzen ist. Der Vorteil liegt darin, dass Ihnen bei der Auswahl der Organisationseinheiten nicht der komplette Organisationsaufbau angezeigt wird, sondern nur das, was Sie wirklich benötigen.

Hierfür klicken Sie auf das Auswahlsymbol für Eingabehilfen , das Sie im unteren Bereich der Abbildung 2.3. sehen. Über den SUCHBEGRIFF geben Sie die Nummer der Organisationseinheit (in unserem Beispiel *50000420* für den Verkauf der QLI GmbH) ein und klicken auf Suche starten (siehe Abbildung 2.4).

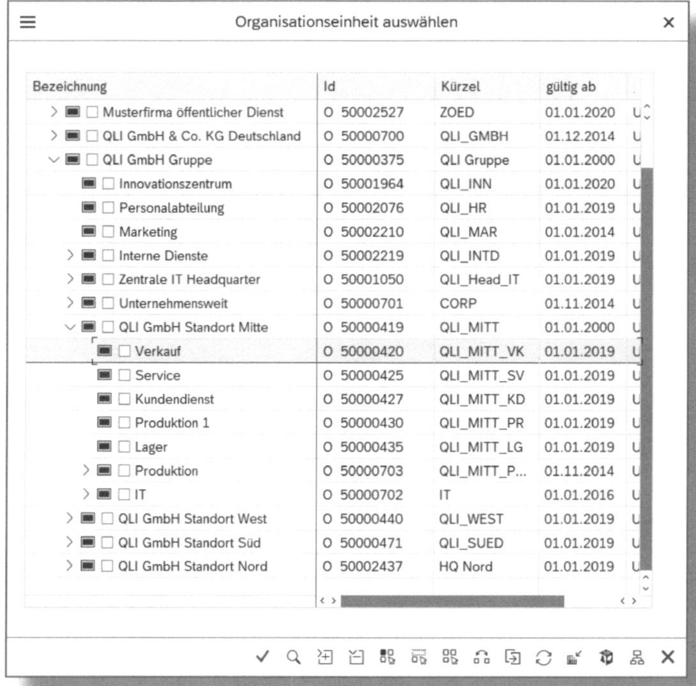

Abbildung 2.3: Auswahl der Organisationseinheiten

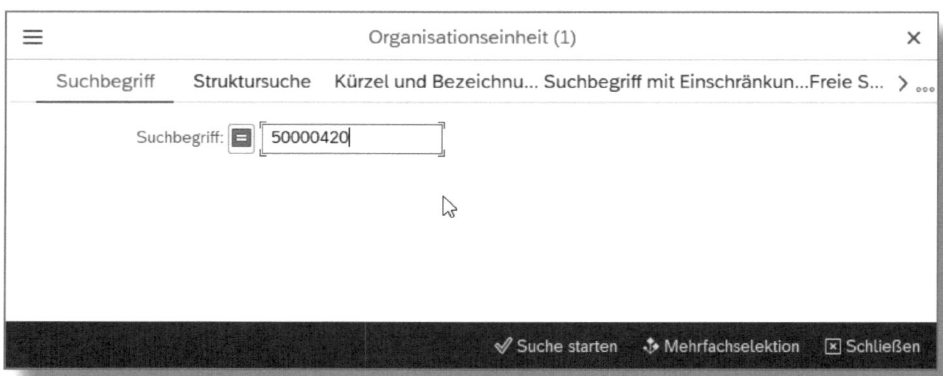

Abbildung 2.4: Eingabehilfe für den Suchbegriff

Im Folgenden wird Ihnen die gewünschte Organisationseinheit angezeigt (siehe Abbildung 2.5).

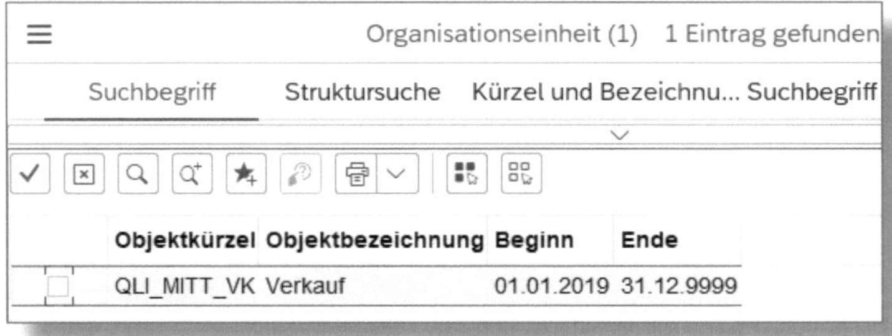

Abbildung 2.5: Gefundene Organisationseinheit

Nun klicken sie auf die Fläche . Dies wiederholen Sie für alle Organisationseinheiten, die Sie planen müssen. Zunächst wählen Sie das Feld , anschließend das Symbol . Es öffnet sich wieder das Suchfenster.

Am Ende sollten Sie wie unserem Beispiel Ihre persönlich zusammengestellte Werteliste sehen (siehe Abbildung 2.6).

Organisationseinheit (1)Persönliche Werteliste: Organisationseinheit (1) 5 Einträge gefunden

Suchbegriff Struktursuche Kürzel und Bezeichnu... Suchbegriff mit Einschränkun...Fre...

Objektkürzel	Objektbezeichnung	Beginn	Ende
QLI_MITT_KD	Kundendienst	01.01.2019	31.12.9999
QLI_MITT_LG	Lager	01.01.2019	31.12.9999
QLI_MITT_PR	Produktion 1	01.01.2019	31.12.9999
QLI_MITT_SV	Service	01.01.2019	31.12.9999
QLI_MITT_VK	Verkauf	01.01.2019	31.12.9999

Abbildung 2.6: Persönliche Werteliste

Sobald Sie die zu planenden Organisationseinheiten ausgewählt haben – ob über das Selektionsbild oder Ihre persönliche Liste –, führen Sie die folgenden weiteren Selektionen durch.

2.1.2 Status des Einsatzplans

Ob in Ihrem Unternehmen mit Soll- und Istplänen gearbeitet wird, hängt von den Fragestellungen des Sollplanabschlusses und den Änderungen im Ist ab. Beides ist möglich, aber nicht zwingend.

Soll- oder Istplan

In einem Sollplan wird die vorläufige Planung einer Organisationseinheit vorgenommen. Er zeigt die planerische Idealbesetzung des Planungszeitraums. Nach Sollplanabschluss finden entgeltrelevante Änderungen nur noch im Istplan statt.

Ob Sie mit einem Soll- und Istplan arbeiten, orientiert sich an Ihrem Projekt. Zwei relevante Punkte sprechen für einen Sollplanabschluss und das weitere Arbeiten im Istplan:

- Der Sollplanabschluss wird dokumentiert, da viele Tarifverträge oder Betriebsvereinbarungen vorschreiben, dass die Planung den Mitarbeitern zu einem bestimmten Zeitpunkt kommuniziert wird.
- Abweichungen zwischen Soll und Ist können tarifrechtliche Auswirkungen haben, und die SAP-Zeitwirtschaft ist in der Lage, diese zu differenzieren.

2.1.3 Planungszeitraum

SAP macht es Ihnen hier einfach. Sie können im Vormonat, aktuellen Monat oder Folgemonat arbeiten, aber auch einen anderen Zeitraum aufrufen. Wählen Sie einen zu großen Zeitraum, wie Abbildung 2.7 dargestellt, erhalten Sie die Information aus Abbildung 2.8.

Abbildung 2.7: Zeitraumeingabe im Selektionsbild der Personaleinsatzplanung

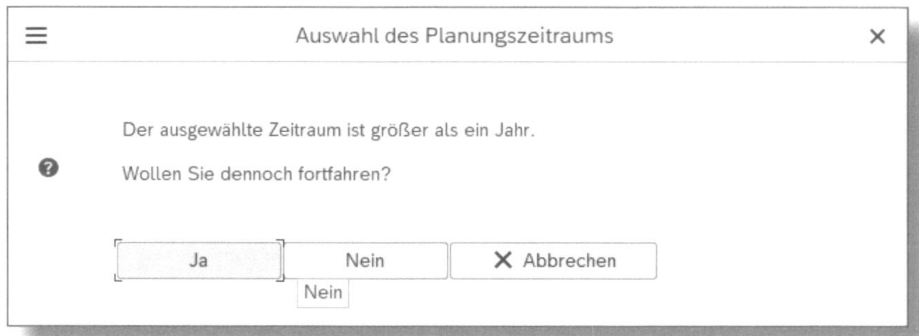

Abbildung 2.8: Information über einen zu großen Zeitraum

Haben Sie die Voreinstellungen abgeschlossen, klicken Sie entweder auf Ändern oder auf Anzeigen (siehe Abbildung 2.1). Der Anzeigemodus ist z. B. dann eine Option, wenn der Einsatzplan von einem anderen Benutzer blockiert ist. Wenn Sie ihn aufrufen, können Sie zwar keine Änderungen vornehmen, aber Ihnen stehen neben der Anzeige aller Plandaten die kompletten Auswertungsfunktionen zur Verfügung.

2.1.4 Abordnungen

Beim Einstieg in die Personaleinsatzplanung steht Ihnen die Schaltfläche Abordnungen zur Verfügung (siehe Abbildung 2.9) und hier im speziellen die Langfristigen Abordnungen, die ich Ihnen in diesem Abschnitt ausführlich vorstelle.

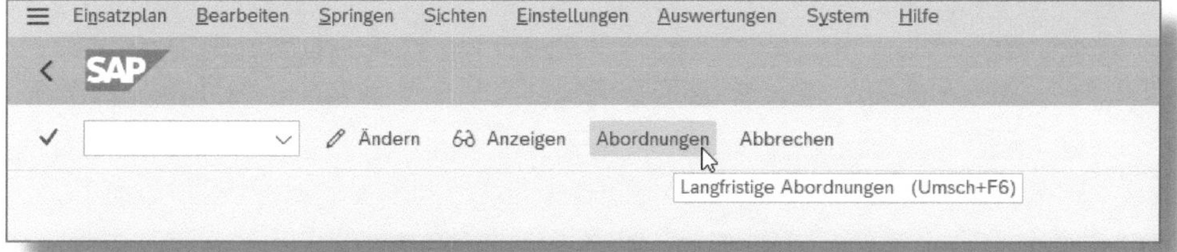

Abbildung 2.9: Schaltfläche »Langfristige Abordnungen«

Diese Funktion erlaubt es Ihnen, Mitarbeiter Ihrer Organisationseinheit an andere Organisationseinheiten Ihres Betriebs abzuordnen. Dieser Prozess ist heute in sehr vielen Unternehmen allgegenwärtig, dies kann im Rahmen eines Ausbildungsbetriebs die Rotation der Auszubildenden in andere Bereiche sein oder einfach ein Tausch zwischen Führungskräften unterschiedlicher Abteilungen. Dagegen ist es nicht möglich, dass ein Planer von sich aus Mitarbeiter aus einem anderen Bereich ausleiht. SAP gewährleistet im Hintergrund, dass die Kostenverteilung adäquat abgebildet werden kann.

Die Funktionen »Abordnen«, »Abordnungen anzeigen« und »Abordnung zurückgeben« finden Sie im Menü der SAP-Personaleinsatzplanung unter dem Pfad BEARBEITEN • MITARBEITER.

Exklusive und parallele Abordnung

Haben Sie einen Mitarbeiter für eine *exklusive Abordnung* vorgesehen, steht er für den fraglichen Zeitraum in seiner Stammorganisationseinheit nicht mehr zur Verfügung. Sie können den Mitarbeiter auch nicht bei Bedarf zurückholen. Nur der Planer, zu dessen Organisationseinheit der Mitarbeiter abgeordnet wurde, kann diesen, gegebenenfalls auch tageweise, zurückgeben.

Bei einer *parallelen Abordnung* behält der abordnende Planer die Kontrolle, teilt diese aber mit dem Planer der empfangenen Organisationseinheit. Ein typisches Szenario ist, dass der Mitarbeiter seine Tagesschicht in der empfangenden Organisationseinheit leistet, einzelne Aufgaben aber weiterhin in der Stammorganisationseinheit ausführt – diese werden dann als Anwesenheit abgebildet.

☛ Bei parallelen Abordnungen sind Absprachen erforderlich

Parallele Abordnungen erfordern Absprachen zwischen den beteiligten Einsatzplanern. Nicht zuletzt durch Fehleingaben kann es passieren, dass ein Planer dem anderen einen Mitarbeiter »wegnimmt«.

Auch beim Sollplanabschluss (siehe Abschnitt 2.3.3) ist Vorsicht geboten, hier gilt das Prinzip: Der Schnellere gewinnt.

Ob das System dem Einsatzplaner beim Anlegen einer Abordnung die Möglichkeit bietet, die Abordnung als »parallel« zu kennzeichnen, hängt vom Profil der Einsatzplanung ab. Im SAP-Standard steht Ihnen hierfür das Profil *SAP_000004 – Mitarbeiter in Org (Parallele Abordnung)* zur Verfügung. Die Einstiegsprofile der SAP-Personaleinsatzplanung finden Sie in Abschnitt 2.2.2.

Um einen Mitarbeiter parallel abzuordnen, setzen Sie bei der Abordnung den Haken bei MITARBEITER PARALLEL VERFÜGBAR (siehe Abbildung 2.10).

Abbildung 2.10: Exklusive oder parallele Abordnung

Eine neue Abordnung wird vom System zunächst als Vormerkung behandelt. Erst wenn Sie Ihre Eingaben gesichert haben, wird aus der Vormerkung eine Abordnung, die auf der Datenbank gesichert wird. Bis dahin können Sie die Vormerkung über den Menüpfad BEARBEITEN • MITARBEITER • VORMERKUNG wieder zurücknehmen.

Sichtbarkeit von abgeordneten Mitarbeitern

In der Plantafel werden exklusiv abgeordnete Mitarbeiter an den Tagen, an denen sie abgeordnet sind, mit leeren Zellen angezeigt (siehe Abbildung 2.11). Solche bekommen Sie auch dann zu sehen, wenn Ihnen ein Mitarbeiter nicht für den gesamten Anzeigezeitraum zugeordnet ist.

Zeitraum: 01.10.2023 - 31.10.2023 / QLI_MITT_VK / QLI_MITT_SV / QLI_MITT_KD / QLI_MITT_PR / QLI_MITT_LG / IT / QLI_MITT_PRO

Name	Produ...	Personalnr.	SO 01.10.	MO 02.10.	DI 03.10.	MI 04.10.	DO 05.10.	FR 06.10.
Olga Huber		00000076	//	GL	GL	K	K	***GLB***
Lilly Koch		00000073	**#**	GL	GL	GL	GL	GLB
Nina Mohrer		00000075	//	GL				GLB
Kilian Schulz		00000072	//	**FR**	GL	*	*	*
Janina Taube		00000071	**FR**	**FR**	GL	**FR**	**SP**	**FR**
Holger Wolf		00000070	**FR**	K	K	K	K	K

Abbildung 2.11: Leere Zellen bei exklusiv abgeordneten Mitarbeitern

Langfristige Abordnung

Hinter der Funktionalität *Langfristige Abordnungen* verbirgt sich eine Erfassungsoberfläche, bei der das Abordnen von der Planungsoberfläche technisch entkoppelt ist. Das Abordnen geschieht darum deutlich performanter. Wegen der kürzeren Antwortzeiten des Systems bietet sich die Oberfläche für Abordnungen an, die längere Zeiträume umfassen.

Auch langfristige Abordnungen sind nur innerhalb des Planungszeitraums (siehe Abschnitt 2.1.3) möglich. Diesen sollten Sie daher groß genug wählen; allerdings nicht beliebig groß, um keine Laufzeit zu verschwenden.

Klicken Sie im Anschluss auf den Button Abordnungen, und Sie bekommen das Dialogfenster aus Abbildung 2.12 angezeigt.

Auswahl Mitarbeiter für langfristige Abordnungen

Mitarbeiter	Nummer	Eigene	Stammeinheit	Name
Holger Wolf	70	X	QLI_MITT_VK	Wolf
Janina Taube	71	X	QLI_MITT_VK	Taube
Kilian Schulz	72	X	QLI_MITT_SV	Schulz
Lilly Koch	73	X	QLI_MITT_KD	Koch
Nina Mohrer	75	X	QLI_MITT_PR	Mohrer
Olga Huber	76	X	QLI_MITT_LG	Huber
Nora Krause	68900	X	QLI_MITT_PRO	Krause
Matthias Schmidt	68901	X	QLI_MITT_PRO	Schmidt
Anton Zahn	68902	X	QLI_MITT_PRO	Zahn
Markus Millnitz	68903	X	QLI_MITT_PRO	Millnitz
Bertha Wolf	68904	X	QLI_MITT_PRO	Wolf
Dieter Ulm	68905	X	QLI_MITT_PRO	Ulm
Erika Taubert	68906	X	QLI_MITT_PRO	Taubert
Frank Schulz	68907	X	QLI_MITT_PRO	Schulz
Jens Huster	68908	X	QLI_MITT_PRO	Huster
Ina Koch	68909	X	QLI_MITT_PRO	Koch
Ludwig Huber	68910	X	QLI_MITT_PRO	Huber
Martin Jung	68911	X	QLI_MITT_PRO	Jung

Abbildung 2.12: Auswahl der Mitarbeiter für langfristige Abordnungen

In diesem Dialogfenster markieren Sie die Mitarbeiter, die Sie abordnen wollen, und klicken auf den Button ✓ oder drücken die Enter-Taste. Sie gelangen in die Oberfläche zum Anlegen von Abordnungen (siehe Abbildung 2.13).

Sie können auf dieser Oberfläche eigene Mitarbeiter abordnen und Ihnen zugeordnete Mitarbeiter an deren Stammorganisationseinheit zurückgeben. Wie bei den kurzfristigen Abordnungen lassen sich auch hier Ihnen zugeordnete Mitarbeiter nicht weiter abordnen. Sie sehen an den verschiedenen Ordnerinhalten, ob es sich um eigene oder zugeordnete Mitarbeiter handelt.

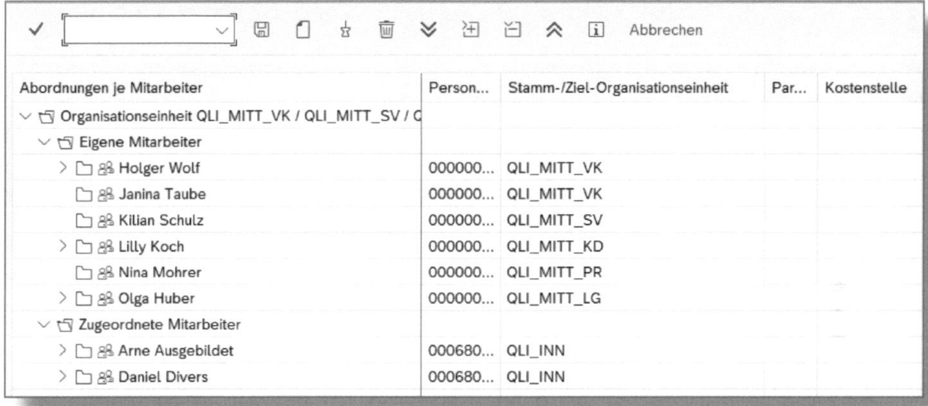

Abbrechen

Abordnungen je Mitarbeiter	Person...	Stamm-/Ziel-Organisationseinheit	Par...	Kostenstelle
Organisationseinheit QLI_MITT_VK / QLI_MITT_SV / C				
Eigene Mitarbeiter				
Holger Wolf	000000...	QLI_MITT_VK		
Janina Taube	000000...	QLI_MITT_VK		
Kilian Schulz	000000...	QLI_MITT_SV		
Lilly Koch	000000...	QLI_MITT_KD		
Nina Mohrer	000000...	QLI_MITT_PR		
Olga Huber	000000...	QLI_MITT_LG		
Zugeordnete Mitarbeiter				
Arne Ausgebildet	000680...	QLI_INN		
Daniel Divers	000680...	QLI_INN		

Abbildung 2.13: Übersicht über Abordnungen und Vormerkungen

Möchten Sie nun einen Mitarbeiter abordnen, müssen Sie auf dem Ordner-Icon 🗀 vor dem Mitarbeiternamen doppelklicken, um in das Dialogfenster der Abordnung zu wechseln. Dies habe ich in Abschnitt 2.3.2 (Registerkarte WEITERES) ausführlich erläutert.

Nachdem Sie alle Daten zur Abordnung erfasst haben, klicken Sie auf ÜBERNEHMEN. Zurück im Übersichtsbild, erscheint die neue Abordnung erst einmal als Vormerkung (siehe Abbildung 2.14).

Abordnungen je Mitarbeiter	Person...	Stamm-/Ziel-Organisationseinheit
Organisationseinheit QLI_MITT_VK / QLI_MITT_SV / C		
Eigene Mitarbeiter		
Holger Wolf	000000...	QLI_MITT_VK
Janina Taube	000000...	QLI_MITT_VK
Vormerkung 10.10.2023 -20.10.2023		IT
Kilian Schulz	000000...	QLI_MITT_SV
Lilly Koch	000000...	QLI_MITT_KD
Nina Mohrer	000000...	QLI_MITT_PR
Olga Huber	000000...	QLI_MITT_LG

Abbildung 2.14: Vormerkung der Abordnung

Sobald Sie Ihre Eingaben gesichert haben, verschwindet die Markierung, und die Abordnung wird in der Datenbank gesichert. Bis dahin können Sie die Vormerkung wieder zurücknehmen. Doppelklicken Sie hierfür auf das kleine Icon links von der Vormerkung . Sie gelangen dann zu einer Auswahl der Tage, über die sich die Vormerkung erstreckt, und können diese ganz oder teilweise löschen.

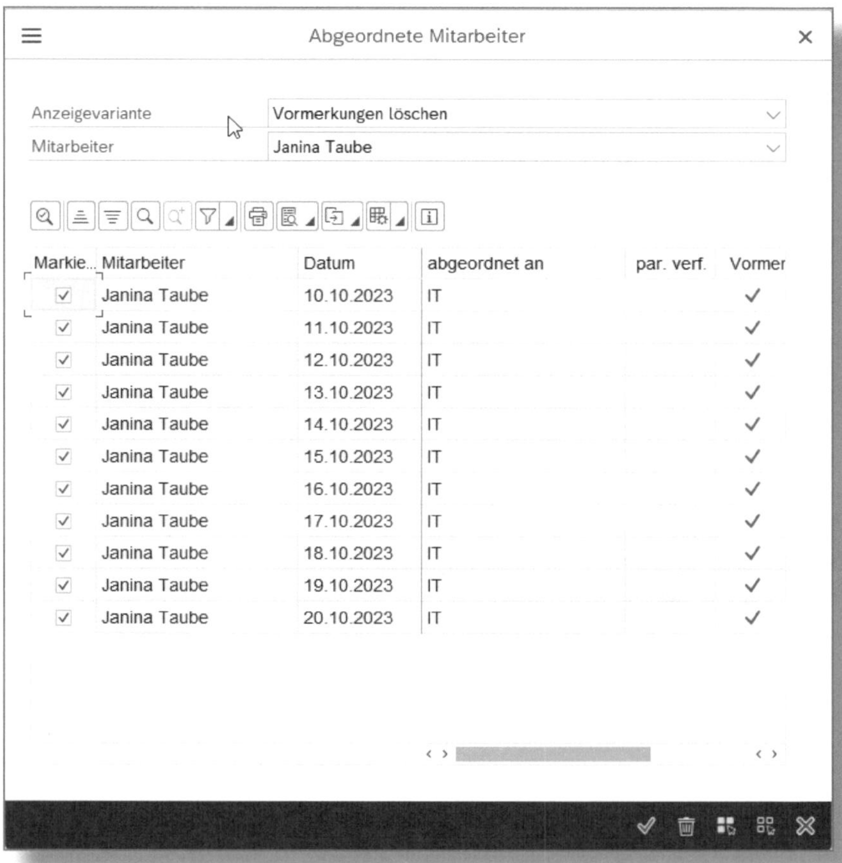

Abbildung 2.15: Vormerkung der Abordnung löschen

Hierfür setzen Sie einen Haken bei den Tagen, für die Sie die Abordnungen zurücknehmen möchten, und klicken in der Fußzeile auf das Löschen-Symbol (siehe Abbildung 2.15). Wenn Sie alle Tage auf einmal markieren wollen, klicken Sie auf das Symbol . Wenn Sie die Markierung überall entfernen möchten, verwenden Sie .

Sie können außer eigenen Vormerkungen auch Abordnungen Ihnen zugeordneter Mitarbeiter löschen, also die Mitarbeiter zurückgeben. Dies funktioniert ähnlich wie das Löschen einer Vormerkung durch Doppelklick auf das Symbol . Auch das Dialogfenster ist fast identisch (siehe Abbildung 2.16).

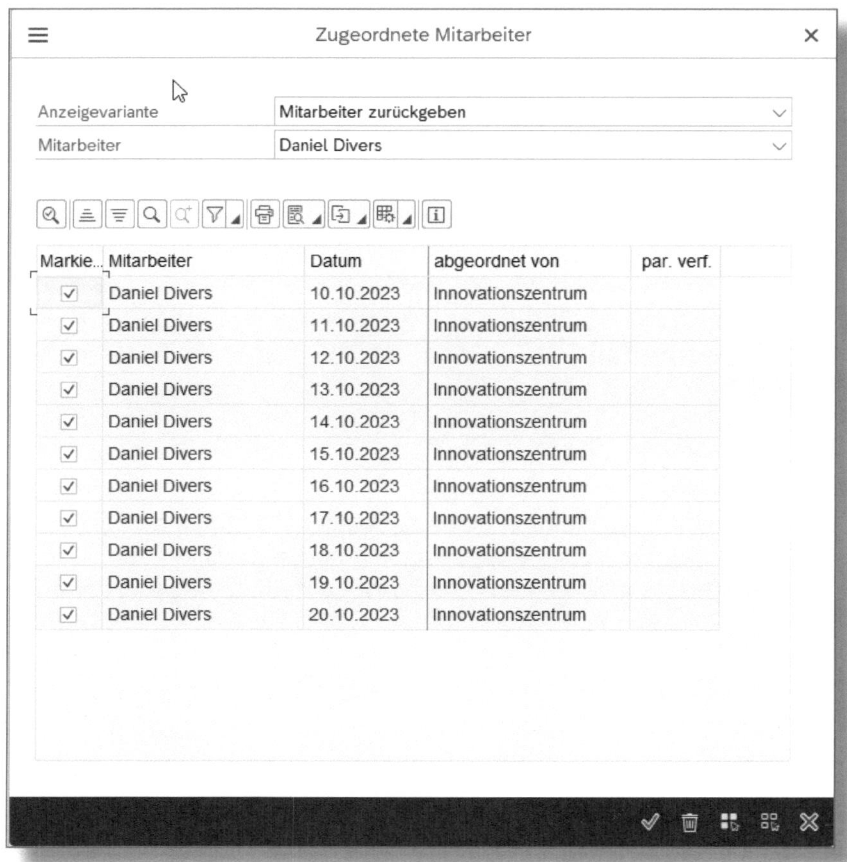

Abbildung 2.16: Zugeordnete Mitarbeiter zurückgeben

Mitarbeiter, die Ihnen über die Funktion »Langfristige Abordnungen« zugeordnet wurden, werden im Übrigen genauso behandelt wie die Abordnungen innerhalb der Personaleinsatzplanung. Sie können die Mitarbeiter deshalb auch über den Menüpfad BEARBEITEN • MITARBEITER •

ZURÜCKGEBEN auf der Planungsoberfläche wieder an die Stammorganisationseinheit zurückgeben.

2.2 Menüpunkte

Einige Menüpunkte, die Ihnen im Einstiegsbild der Personaleinsatzplanung (siehe Abbildung 2.1) zur Verfügung stehen, sind erst aktiv, wenn Sie den Änderungs- oder Anzeigemodus aufrufen. Es gibt jedoch die beiden relevanten Grundeinstellungsmenüpunkte, BEARBEITEN und EINSTELLUNGEN, die Ihnen den Aufruf und die Zuordnung der Mitarbeiter in der Einsatzplanung ermöglichen und nachfolgend beschrieben werden.

2.2.1 Bearbeiten

Der erste relevante Menüpunkt zur Vorbereitung der SAP-Personaleinsatzplanung ist BEARBEITEN.

Im Normalfall werden Ihnen beim Aufruf der Planungsoberfläche alle Mitarbeiter einer Organisationseinheit angezeigt. Unter dem Menüpunkt BEARBEITEN können Sie diese Anzeige einschränken (siehe Abbildung 2.17).

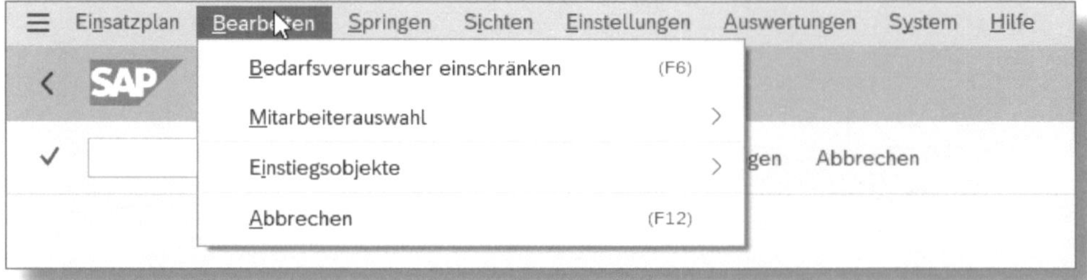

Abbildung 2.17: Menüpunkt »Bearbeiten«

Dies ist z. B. dann sinnvoll, wenn bestimmte Mitarbeiter langfristig abwesend sind oder wenn Sie nur eine bestimmte Berufsgruppe bearbeiten.

Bedarfsverursacher einschränken

Nehmen wir an, Sie wollen für den Bedarf Ihrer Organisationseinheit auch Mitarbeiter anderer Organisationseinheiten heranziehen und haben deshalb im Einstiegsbild mehrere Organisationseinheiten ausgewählt (siehe Abbildung 2.1). Dabei interessieren Sie aber nur die noch nicht verplanten Mitarbeiter und nicht die dort vorhandenen Bedarfe. Mithilfe dieses Menüpunkts können Sie die Anzeige entsprechend einschränken.

Mitarbeiterauswahl

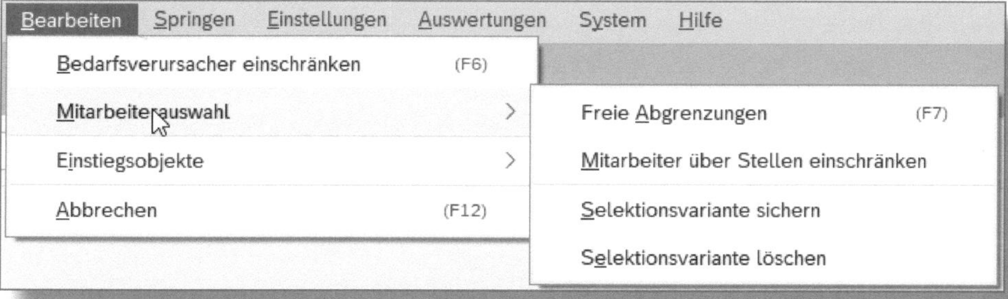

Abbildung 2.18: Untermenüpunkte der Mitarbeiterauswahl

Im Menü MITARBEITERAUSWAHL (siehe Abbildung 2.18) finden Sie die Unterpunkte

- FREIE ABGRENZUNGEN,
- MITARBEITER ÜBER STELLEN EINSCHRÄNKEN,
- SELEKTIONSVARIANTE SICHERN und
- SELEKTIONSVARIANTE LÖSCHEN.

Diese erläutere ich Ihnen nachstehend.

FREIE ABGRENZUNGEN

Die freien Abgrenzungen (siehe Abbildung 2.19) ermöglichen Ihnen, die Auswahl, welche Mitarbeiter angezeigt werden sollen, nach mehreren Gesichtspunkten einzugrenzen.

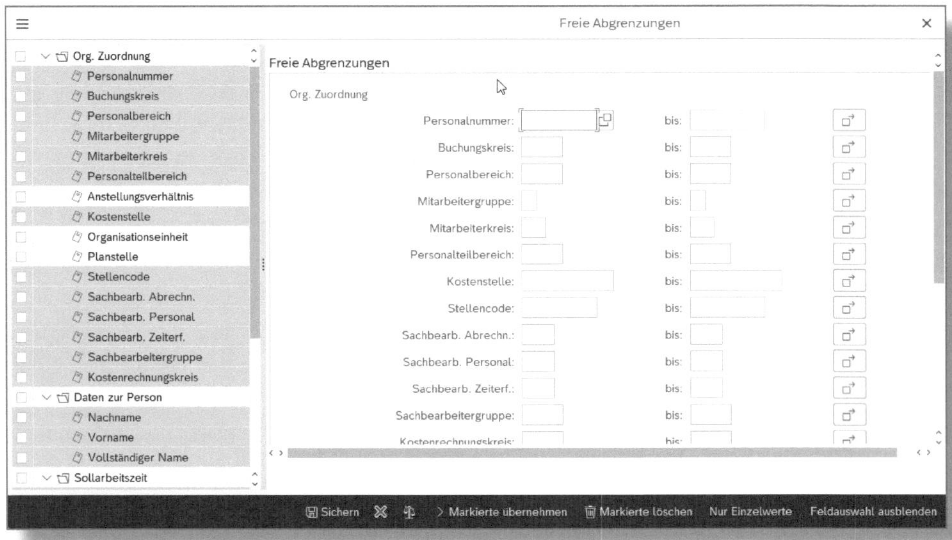

Abbildung 2.19: Freie Abgrenzungen zur Mitarbeiterauswahl

Sie könnten hier z. B. nach PERSONALNUMMERN eingrenzen oder nach MITARBEITERGRUPPEN. Dabei ermöglicht Ihnen SAP, bestimmte Mitarbeiter entweder zu selektieren oder auszuschließen.

Nehmen wir an, Sie wollen Mitarbeiter mit bestimmten Personalnummern beim Aufruf der SAP-Personaleinsatzplanung nicht angezeigt bekommen. Hierfür nutzen Sie im ersten Schritt die Mehrfachselektion . Es erscheint ein Selektionsbild (siehe Abbildung 2.20). Sie haben dann die Möglichkeit, entweder bestimmte einzelne Personalnummern (EINZELWERTE AUSSCHLIEẞEN) oder aber ein ganzes Nummernintervall (INTERVALLE AUSSCHLIEẞEN) auszuschließen.

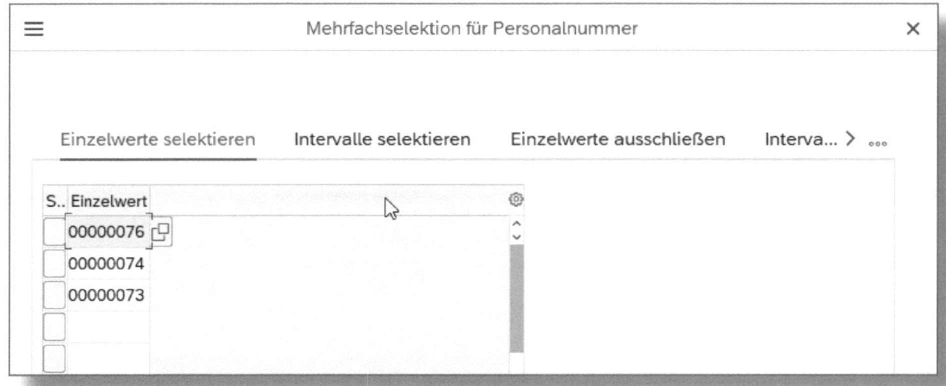

Abbildung 2.20: Mehrfachselektion für Personalnummern

MITARBEITER ÜBER STELLEN EINSCHRÄNKEN

Hier bietet sich Ihnen die Möglichkeit, nach verschiedenen Stellen zu selektieren (siehe Abbildung 2.21). Dies kann von Vorteil sein, wenn Sie Ihre Planung nach Berufsgruppen unterteilen wollen, die über Stellen differenziert werden.

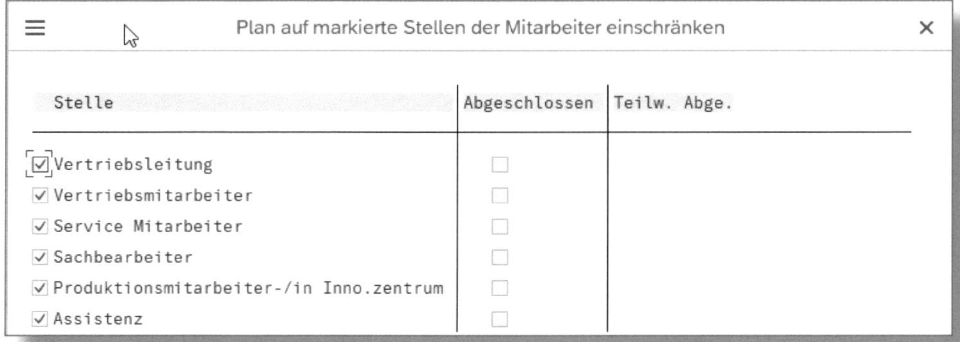

Abbildung 2.21: Mitarbeiter über Stellen einschränken

SELEKTIONSVARIANTE SICHERN/LÖSCHEN

Mit diesem Menüpunkt können Sie Ihre über Stellen oder freie Abgrenzungen eingestellten Selektionskriterien sichern, damit diese auch für den nächsten Aufruf des Einsatzplans zur Verfügung stehen (siehe Abbildung 2.22).

Abbildung 2.22: Selektionsvariante sichern

Nur wenn Sie diesen Schritt ausführen, ist Ihre Auswahl voreingestellt. Ebenso können Sie die Variante auf dem gleichen Weg wieder löschen. Im Gegensatz zu den Selektionsvarianten bei Reporten können Sie hier nur eine einzige Variante hinterlegen.

☛ Gespeicherte Selektionsvarianten im Blick behalten

Eingestellte Mitarbeiterselektionen, die in Selektionsvarianten gespeichert werden, sollten Sie sich gut merken. In der Praxis geschieht es leicht, dass der Einsatzplaner Mitarbeiter vermisst – dabei sind diese nur ausgeblendet, weil er in der Vergangenheit eine entsprechende Selektionsvariante ausgewählt hat.

2.2.2 Einstellungen

Der zweite relevante Menüpunkt sind die EINSTELLUNGEN (siehe Abbildung 2.23).

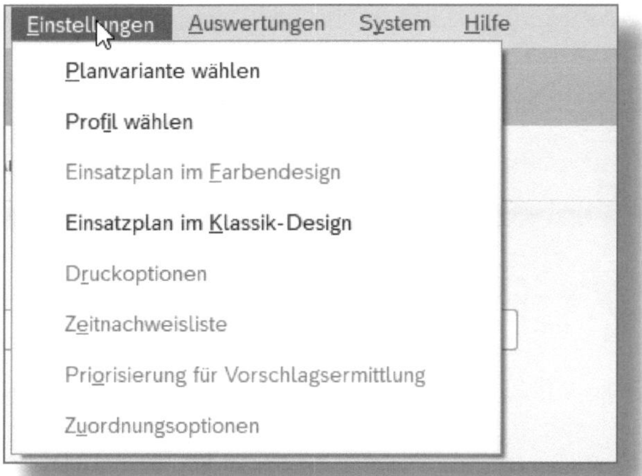

Abbildung 2.23: Menüpunkt »Einstellungen«

Diese bieten uns folgende Optionen:

- PLANVARIANTE WÄHLEN
- PROFIL WÄHLEN
- EINSATZPLAN IM KLASSIK-DESIGN

PLANVARIANTE WÄHLEN

Die *Planvariante* dient den Grundeinstellungen des SAP-HCM-Systems. Sie stellt aus Sicht der Personalplanung und -entwicklung eine eigene Unternehmenswelt dar. Unterschiedliche Planvarianten können dazu verwendet werden, alternative Planungsszenarien durchzuspielen. Dies wird in unserem Fall in der Regel nicht zu verändern sein. Wir können diesen Punkt daher vernachlässigen.

PROFIL WÄHLEN

Das *Profil* zum Einstieg in die Personaleinsatzplanung ist ein wichtiger Punkt. In den Profilen legen Sie anhand von Auswertungswegen fest, welche Mitarbeiter mit dem Aufruf des entsprechenden Planungsbereichs selektiert und somit in der Oberfläche der Personaleinsatzplanung angezeigt werden. Die Standardprofile der SAP sind:

- SAP_000001 – Mitarbeiter in Organisationseinheiten
- SAP_000002 – Arbeitsplatzsicht
- SAP_000003 – Arbeitsplatzsicht entlang Org.Struktur
- SAP_000004 – Mitarbeiter in Org (Parallele Abordnung)
- SAP_000005 – Mitarbeiter entlang der OrgStruktur

Die Punkte 2 und 3 zeigen auf, dass die Organisationseinheit, wie in Abbildung 2.1 dargestellt, nicht die einzige Möglichkeit ist, die Mitarbeiter für einen Bereich aufzurufen. Ebenso gut können Sie unabhängig vom Organisationsmanagement mit dessen festen Strukturen Arbeitsplätze definieren. Diese bilden eigene Planungsbereiche, die unabhängig vom Aufbau der Organisation sind.

Nehmen wir als Beispiel die Organisationseinheiten unserer QLI-Gruppe (siehe Abbildung 2.24).

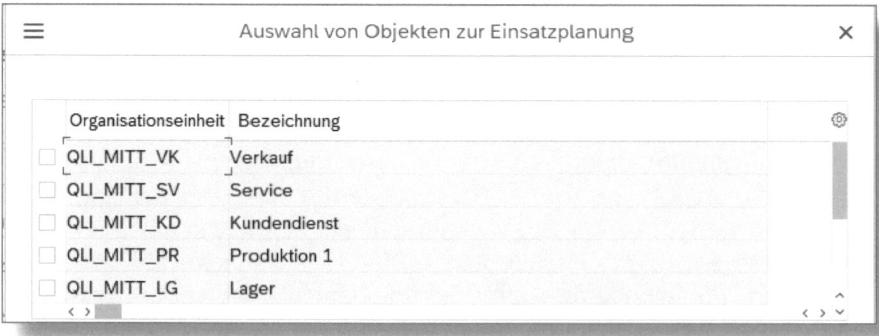

Auswahl von Objekten zur Einsatzplanung

Organisationseinheit	Bezeichnung
QLI_MITT_VK	Verkauf
QLI_MITT_SV	Service
QLI_MITT_KD	Kundendienst
QLI_MITT_PR	Produktion 1
QLI_MITT_LG	Lager

Abbildung 2.24: Organisationseinheiten der QLI-Gruppe

Im organisatorischen Bereich der PRODUKTION 1 ist eine große Anzahl an Mitarbeitern beschäftigt, und der Planer möchte diesen großen Bereich in kleinere Produktionsbereiche aufteilen. Damit könnten Arbeitsplätze gebildet werden, die die Anforderungen des Planers abbilden, ohne dass Änderungen an der eigentlichen Aufbauorganisation vorgenommen werden müssten.

Sollten die Arbeitsplätze bei Ihren Planungen eine Alternative zu den Organisationseinheiten darstellen, ist deren Umsetzung allerdings Projektarbeit. Im weiteren Verlauf dieses Buches werden wir nur noch mit Organisationseinheiten arbeiten und die Arbeitsplätze außer Acht lassen.

EINSATZPLAN IM KLASSIK-DESIGN

Dieser letzte Punkt ist heute nicht mehr relevant, da SAP GUI Themes mit grafischer Oberfläche zur Verfügung stehen.

Die anderen Punkte im Menü EINSTELLUNGEN, die in Abbildung 2.23 hellgrau dargestellt sind, erläutere ich Ihnen näher im weiteren Verlauf bei direkter Arbeit in der Plantafel.

Auswertungen

Der Menüpunkt AUSWERTUNGEN wird in Kapitel 4 ausführlich beschrieben.

2.3 Die Planungsoberfläche

Nach Klick auf den Button ÄNDERN sehen Sie auf der SAP-Statusleiste im linken unteren Bildabschnitt die Meldung SOLLPLAN AUFBEREITEN (siehe Abbildung 2.25).

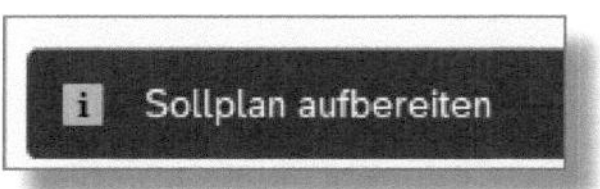

Abbildung 2.25: Sollplan aufbereiten

Sie gelangen in das Eingabedialogfenster OFFENEN SOLLPLAN ÄNDERN: ÜBERSICHT (siehe Abbildung 2.26).

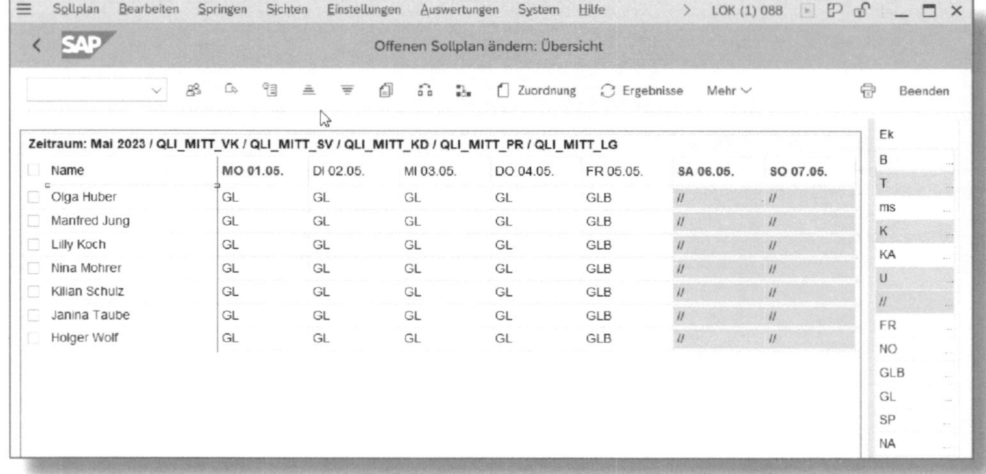

Abbildung 2.26: Dialogfenster »Offenen Sollplan ändern: Übersicht«

Es kann vorkommen, dass bei Aufruf des Einsatzplans die Meldung EINSATZGRUPPE FEHLT erscheint (siehe Abbildung 2.27).

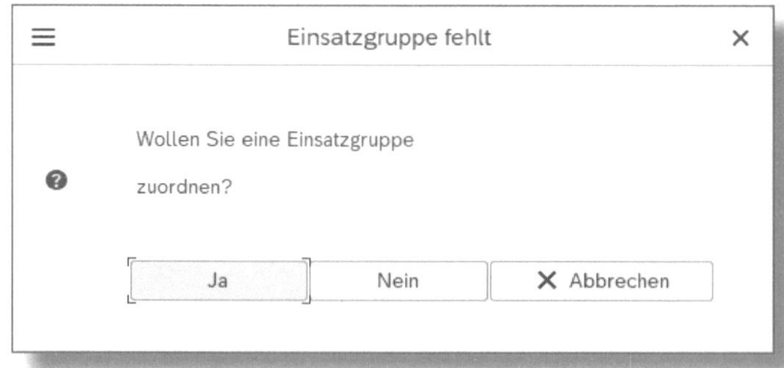

Abbildung 2.27: Einsatzgruppe fehlt

Dies ist dann der Fall, wenn die Einsatzgruppe beim ersten Aufruf im Organisationsmanagement nicht mit der Organisationseinheit verknüpft worden ist.

Sie werden deshalb im Organisationsmanagement aufgefordert, eine Einsatzgruppe zuzuordnen.

Die Planungsoberfläche besteht aus vier Bereichen (siehe Abbildung 2.28):

- den Mitarbeiterdaten (siehe Abschnitt 2.3.1),
- den Planungsdaten und Zeitdaten (siehe Abschnitt 2.3.2),
- der Einsatzkürzelleiste (siehe Abschnitt 2.3.2) und
- dem Bedarfsabgleich (siehe Abschnitt 3.3).

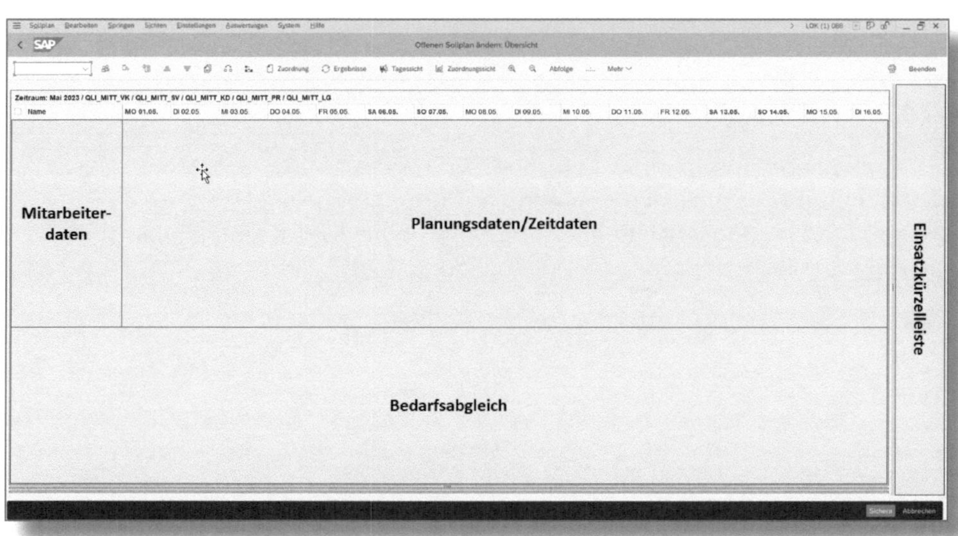

Abbildung 2.28: Planungsoberfläche

2.3.1 Mitarbeiterdaten

Die *Mitarbeiterdaten* liefern Ihnen die wichtigsten Informationen über die Personen, die Sie auf Ihrer Planungsoberfläche sehen und deren Daten Sie bearbeiten möchten. An erster Stelle stehen die Mitarbeiternamen, die Sie in ihrer Darstellung und Sortierung (siehe Folgeabschnitt) an Ihre Bedürfnisse anpassen. Im Anschluss an die Mitarbeiternamen können Sie Informationsspalten einblenden, die Ihnen wichtige Zusatzinformationen über Ihre zu verplanenden Mitarbeiter anzeigen.

Mitarbeiternamen

Die Mitarbeiternamen können Sie sich in zwei verschiedenen Formaten darstellen lassen: In der Standardeinstellung sehen Sie den Vor- und Nachnamen eines Mitarbeiters. Über den Menüpfad SICHTEN • NAME können Sie den Vornamen des Mitarbeiters ausblenden und nur Nachnamen anzeigen lassen.

Mitarbeitersortierung

Namenssortierungen der Mitarbeiter können Sie über den Menüpfad BEARBEITEN • SORTIEREN vornehmen. Durch manuelles Umhängen haben Sie die Möglichkeit, Ihre Mitarbeiter individuell nach eigenen Gesichtspunkten zu ordnen (siehe Abbildung 2.29).

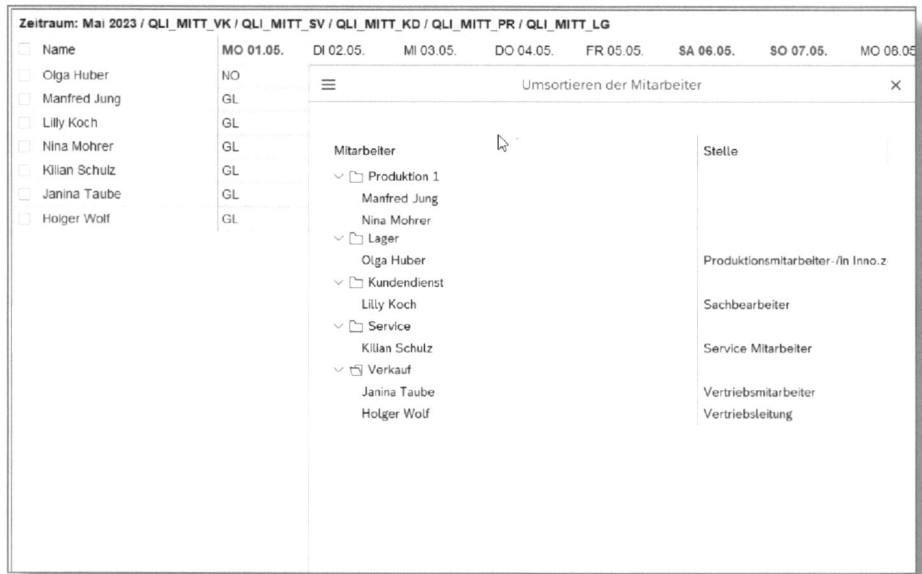

Abbildung 2.29: Mitarbeitersortierung

Per Drag-and-drop (Namen markieren und linke Maustaste gedrückt halten) verschieben Sie die Mitarbeiter an die korrekte Stelle und speichern im Anschluss eine benutzerbezogene oder benutzerübergreifende Variante ab. Benutzerübergreifendes Speichern von Sortiervarianten bedarf einer besonderen Berechtigung. Mit der Auswahl als persönliche Voreinstellung wird bei Aufruf die Mitarbeitersortierung in Ihrer Variante (Einstiegsvariante) angezeigt. Über den Pfad BEARBEITEN • SORTIEREN • SORTIERUNG LADEN rufen Sie alle zuvor angelegten Sortiervarianten auf und können diese durch Markieren und Drücken von `Enter` aktivieren. Mit der Funktion LÖSCHEN lassen sich die Varianten auch wieder entfernen.

Mit der erweiterten Sortierung (BEARBEITEN • SORTIEREN • DYNAMISCHE SORTIERUNG) können Sie den Einsatzplan über vorher in den Systemeinstellungen festgelegte Informationsspalten ordnen. Mit dieser dynamischen Mitarbeitersortierung speichern Sie, nach welchen Kriterien, in welche Richtung und mit welcher Priorität der Einsatzplan erstellt wird.

Stammdatenverweis

Wenn Sie Informationen über bestimmte Stammdaten eines einzelnen Mitarbeiters einsehen wollen, können Sie die Namenszelle des Mitarbeiters markieren und sich über den Menüpfad BEARBEITEN • MITARBEITER • DATEN ANZEIGEN ein Informationsfeld mit Adress- und Kommunikationsdaten sowie vorhandenen Qualifikationen, Abordnungen (siehe Abschnitt 2.3.2) und Organisationszugehörigkeiten anzeigen lassen (siehe Abbildung 2.30). Die dienstlichen Adressdaten werden aus der Planstelle des Mitarbeiters, die privaten Adressdaten aus seinen Stammdaten gelesen.

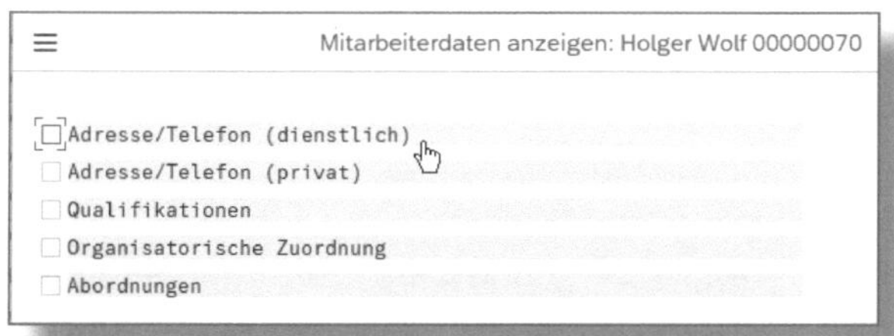

Abbildung 2.30: Mitarbeiterdaten anzeigen

Detailinformationen zu Qualifikationen eines Mitarbeiters, wenn diese im Unternehmen verwendet werden, finden Sie über den Menüpfad BEARBEITEN • MITARBEITER • QUALIFIKATIONSPROFIL ANZEIGEN.

Den Stammdatenverweis können Sie auch einsehen, wenn Sie doppelt auf den Mitarbeiternamen klicken. Die einzelnen Informationen werden mit der Markierung der entsprechenden Zeile und des Feldes Details angezeigt.

2.3.2 Zeitdaten und Einsatzkürzel

Beim Einstieg in die Planungsoberfläche erscheinen die Mitarbeiter mit dem in den Arbeitszeitplanregeln zugewiesenen Arbeitszeitplan. Sollten über die Transaktion *PA61* (Zeitdaten ändern) oder über andere Eingabemöglichkeiten von Zeitwirtschaftsdaten im Vorfeld Abwesenheitsarten oder andere Zeitdaten eingetragen worden sein, werden Ihnen diese auf der Planungsoberfläche angezeigt. Wurden beim Einrichten des Systems den Ab- und Anwesenheiten aus dem Arbeitszeitplan Einsatzkürzel zugewiesen, sehen Sie diese pro Mitarbeiter und Tag (siehe Abbildung 2.31).

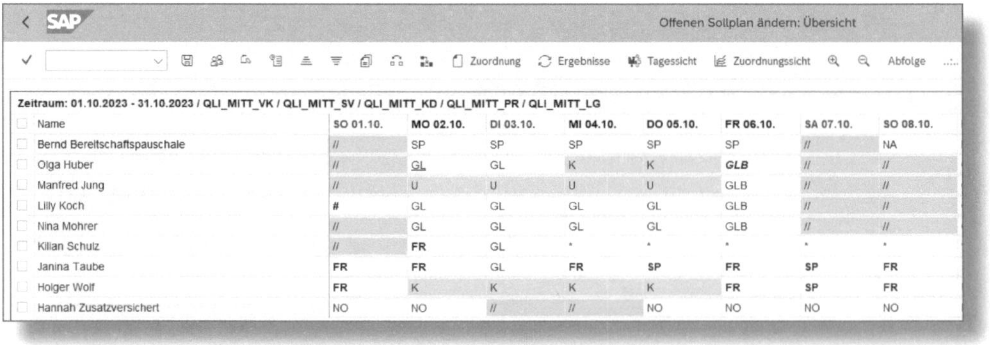

Offenen Sollplan ändern: Übersicht

Zuordnung | Ergebnisse | Tagessicht | Zuordnungssicht | Abfolge

Zeitraum: 01.10.2023 - 31.10.2023 / QLI_MITT_VK / QLI_MITT_SV / QLI_MITT_KD / QLI_MITT_PR / QLI_MITT_LG

Name	SO 01.10.	MO 02.10.	DI 03.10.	MI 04.10.	DO 05.10.	FR 06.10.	SA 07.10.	SO 08.10.
Bernd Bereitschaftspauschale	//	SP	SP	SP	SP	SP	//	NA
Olga Huber	//	GL	GL	K	K	GLB	//	//
Manfred Jung	//	U	U	U	U	GLB	//	//
Lilly Koch	#	GL	GL	GL	GL	GLB	//	//
Nina Mohrer	//	GL	GL	GL	GL	GLB	//	//
Kilian Schulz	//	FR	GL	*	*	*	*	*
Janina Taube	FR	FR	GL	FR	SP	FR	SP	FR
Holger Wolf	FR	K	K	K	K	FR	SP	FR
Hannah Zusatzversichert	NO	NO	//	//	NO	NO	NO	NO

Abbildung 2.31: Sollplan mit Einsatzkürzeln

Wenn Sie einen einzelnen Tag in der Mitarbeiterzeile markieren, erscheint im rechten Bereich der Tageszelle die Wertehilfe. Klicken Sie mit der linken Maustaste auf den Button, öffnet sich das Dialogfenster

EINSATZKÜRZEL (siehe Abbildung 2.32). Anhand dieses Dialogfensters können Sie die Kürzel und entsprechenden Einsätze identifizieren. Hier haben Sie auch die Möglichkeit, ein Einsatzkürzel zu markieren und über das grüne Häkchen auszuwählen oder das Einsatzkürzel per Doppelklick direkt zu wählen.

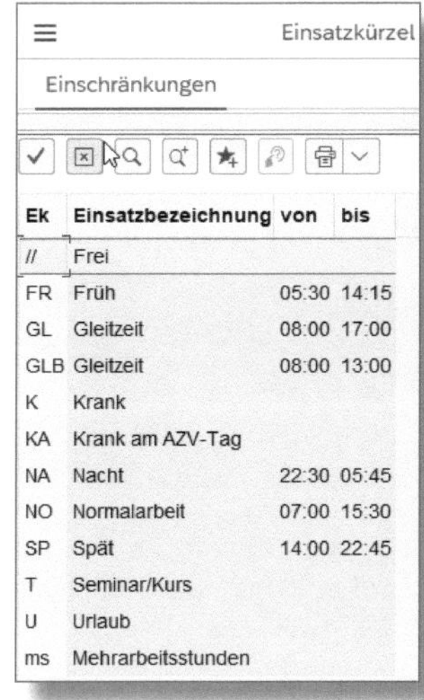

Einsatzkürzel

Einschränkungen

Ek	Einsatzbezeichnung	von	bis
//	Frei		
FR	Früh	05:30	14:15
GL	Gleitzeit	08:00	17:00
GLB	Gleitzeit	08:00	13:00
K	Krank		
KA	Krank am AZV-Tag		
NA	Nacht	22:30	05:45
NO	Normalarbeit	07:00	15:30
SP	Spät	14:00	22:45
T	Seminar/Kurs		
U	Urlaub		
ms	Mehrarbeitsstunden		

Abbildung 2.32: Einsatzkürzelübersicht

Alle Zeitdaten (An- oder Abwesenheiten), denen in den Einstellungen kein Einsatzkürzel zugewiesen wurde, erscheinen auf der Planungsoberfläche mit einem Sternchen »*«. Diese Sternchen können Sie im Standard nicht überschreiben (siehe Abbildung 2.33).

Zeitraum: 01.10.2023 - 31.10.2023 / QLI_MITT_VK / QLI_MITT_SV / QLI_MITT_KD / QLI_MITT_PR / QLI_MITT_LG

Name	SO 01.10.	MO 02.10.	DI 03.10.	MI 04.10.	DO 05.10.	FR 06.10.
Bernd Bereitschaftspauschale	//	SP	SP	SP	SP	SP
Olga Huber	//	GL	GL	K	K	***GLB***
Manfred Jung	//	GL	GL	GL	GL	GLB
Lilly Koch	**#**	GL	GL	GL	GL	GLB
Nina Mohrer	//	GL	GL	GL	GL	GLB
Kilian Schulz	//	**FR**	GL	*	*	*
Janina Taube	**FR**	**FR**	GL	**FR**	**SP**	**FR**
Holger Wolf	**FR**	K	K	K	K	**FR**
Hannah Zusatzversichert	NO	NO	//	//	NO	NO

Abbildung 2.33: »« auf der Planungsoberfläche*

☛ Änderbarkeit von »*«

Für den Praxiseinsatz ist zu überlegen, ob jeder Abwesenheitsart ein Einsatzkürzel zugewiesen werden sollte. Gewöhnlich ist es ratsam, dass abrechnungsrelevante Abwesenheitsarten vom Planer nicht geändert werden können. In der SAP-Personaleinsatzplanung gibt es jedoch Einstellungen, die Ihnen eine Änderung des »*« erlauben. Ich rate jedoch immer wieder davon ab.

Sie haben drei weitere Möglichkeiten, Einsatzkürzel für entsprechende Mitarbeiter einzutragen: Sie können dies über die Einsatzkürzelleiste, die Tastatur oder über die Details zum Tag in der (im weiteren Verlauf beschriebenen) Registerkarte »Arbeitszeit« vornehmen.

Einsatzkürzelleiste

Die Einsatzkürzelleiste im rechten Bildbereich bietet Ihnen eine schnelle Eingabe relevanter Einsatzkürzel über die Planungsoberfläche (siehe Abbildung 2.34).

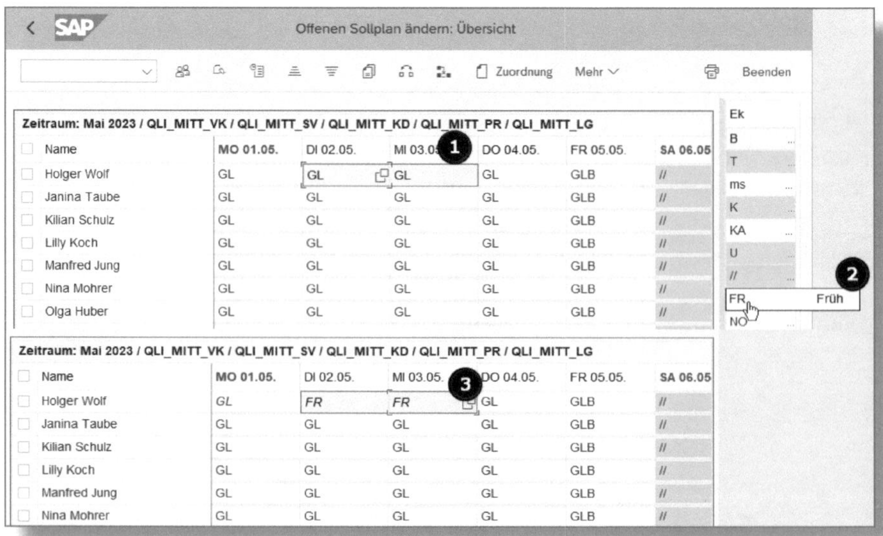

Abbildung 2.34: Ab- und Anwesenheiten über zwei Tage

Markieren Sie in der Mitarbeiterzeile einen oder mehrere Tage ❶ (hier im Beispiel »Gleitzeit«, *GL*), und klicken Sie im folgenden Schritt auf das zukünftige Einsatzkürzel in der Einsatzkürzelleiste ❷. In der Folge wird die Änderung des Einsatzes (Frühschicht, *FR* ❸) für die jeweiligen Tage durchgeführt.

Wenn Sie mit dem Mauszeiger auf die einzelnen Felder der Einsatzkürzel gehen, erscheinen weitere Detailinformationen zu den Einsätzen (siehe Abbildung 2.35).

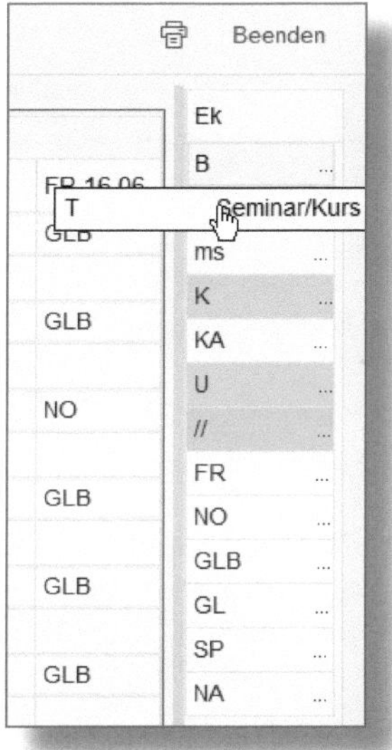

Abbildung 2.35: Einsatzkürzelleiste

Eine verbreiterte Darstellung erhalten Sie, wenn Sie mit der linken Maustaste auf den linken Rahmen klicken und ihn bei gedrückter Maustaste verschieben (siehe Abbildung 2.36).

Die Einsatzkürzelleiste lässt sich über den Menüpfad EINSTELLUNGEN • KÜRZELLEISTE EIN-/AUSBLENDEN aus- bzw. einblenden.

Ek	
B	Rufbereitschaft
T	Seminar/Kurs
ms	Mehrarbeitsstunden
K	Krank
KA	Krank am AZV-Tag
U	Urlaub
//	Frei
FR	Früh
NO	Normalarbeit
GLB	Gleitzeit
GL	Gleitzeit
SP	Spät
NA	Nacht

Abbildung 2.36: Einsatzkürzelleiste – vergrößerte Darstellung

Weitere Möglichkeiten zum Eintragen von Einsatzkürzeln

Änderungen für mehrere unterschiedliche Mitarbeiter und/oder unterschiedliche Tage nehmen Sie vor, indem Sie `Strg` drücken und mit der Maus auf die zu ändernden Tageszellen verschiedener Tage und Mitarbeiter klicken. So können Sie z. B. in einem Arbeitsschritt mehrere Urlaubstage für mehrere Mitarbeiter innerhalb des Planungszeitraums eintragen.

Bei einfachen Einsatzkürzeln können Sie auch einzelne Tage markieren und das Einsatzkürzel vermerken, indem Sie den jeweiligen Einsatzkürzelbuchstaben über die Tastatur eingeben.

Details zum Einsatz

Mit einem Doppelklick auf eine Tageszelle oder über den Pfad BEARBEITEN • DETAILS ZUM EINSATZ gelangen Sie in unser Beispieldialogfenster EINSATZ AM 05.10.2023 BEARBEITEN (siehe Abbildung 2.37). An dieser

Stelle können Sie weitere Details und planungsrelevante Informationen eintragen.

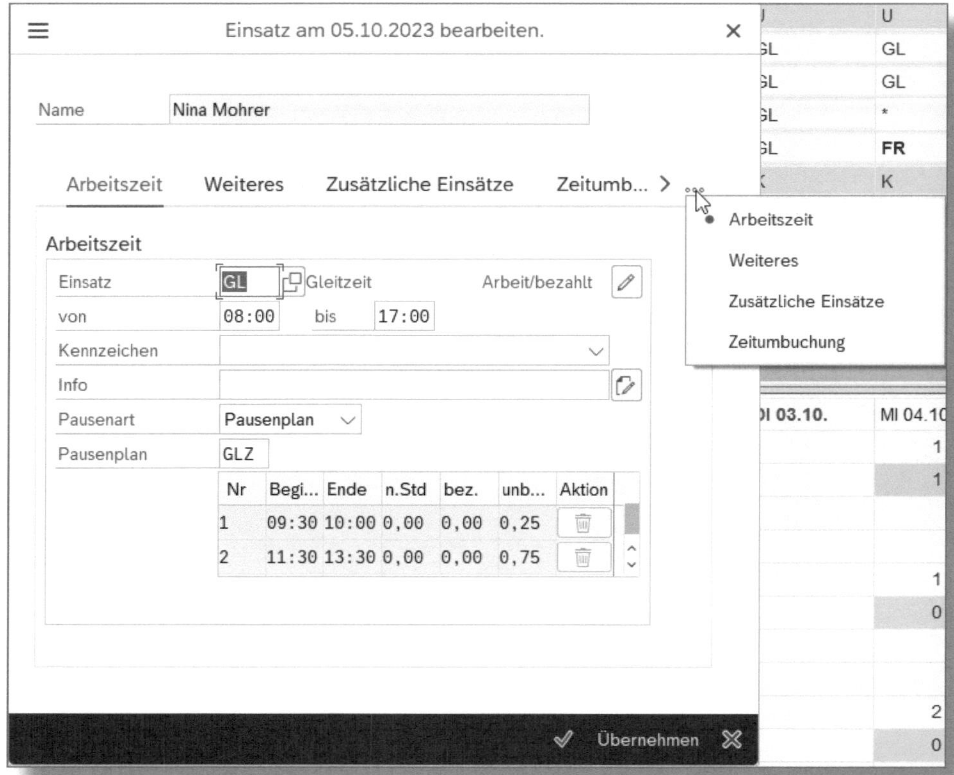

Abbildung 2.37: Registerkarte »Details zum Einsatz«

Wir erläutern Ihnen hier alle grundsätzlich vorhandenen Registerkarten, selbst wenn diese bei Ihrem Projekt eventuell nicht zur Verfügung stehen.

Registerkarte ARBEITSZEIT

Auf dieser Registerkarte können Sie Einsatzkürzel analog zum Dialogfenster EINSATZKÜRZEL eintragen oder ändern. Zusätzlich haben Sie die Möglichkeit, die *Arbeitszeiten* aus dem Arbeitszeitplan individuell zu verändern. Mit dem Stift-Icon rechts neben dem Einsatzkürzel lassen sich die Einsätze mit spezifischen Tagestypen versehen, die Bezahlungs- und Anwesenheitsrelevanz abbilden. Ein Eintrag *Arbeit/bezahlt* steht für einen normalen Arbeitstag, ein *Frei/bezahlt* hingegen für einen Wochenfeiertag.

Im Feld KENNZEICHEN geben Sie den Einsätzen unterschiedliche Vertretungsarten vor; im SAP-Standard ist dies eine Schichtvertretung. Sie können einen Einsatz aber z. B. auch als Meistervertretung oder Arbeitszeitwunsch deklarieren. Eine Arbeitszeitverlängerung bei Arbeitszeitwunsch hat je nach eingestelltem Zeitauswertungsschema z. B. keine Relevanz für Überstundenzuschläge.

Das Feld INFO erlaubt Ihnen, zusätzliche Informationen zu einem Einsatz oder einer Abwesenheit zu hinterlegen. Über den Button rechts neben dem Infofeld gelangen Sie in den Eingabeschirm für Informationen (siehe Abbildung 2.38).

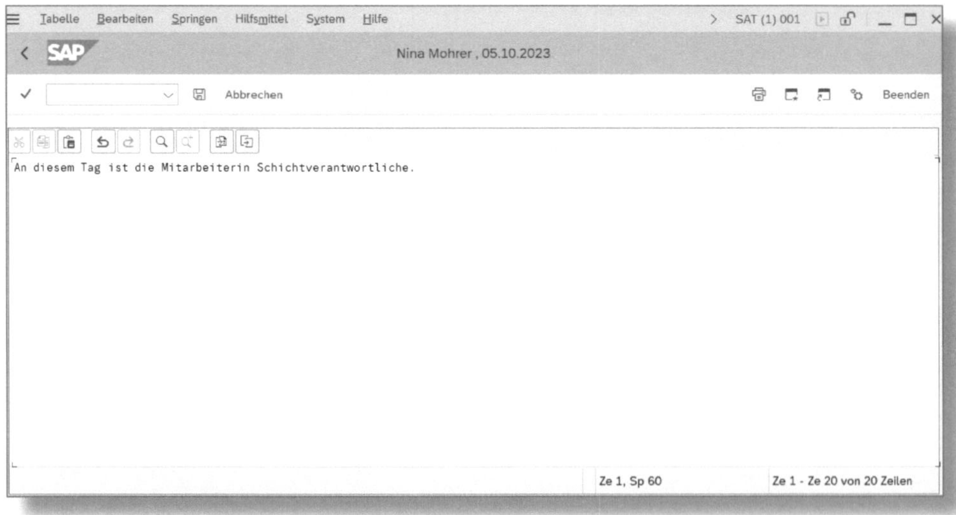

Abbildung 2.38: Informationseingabe

Das Feld PAUSENART ermöglicht, eine Pause nach einem in den Systemeinstellungen festgelegten PAUSENPLAN einzutragen, Pausen manuell anzupassen oder komplett zu entfernen.

Registerkarte WEITERES

Auf dieser Registerkarte können Sie Abordnungen an eine Organisationseinheit für den jeweiligen Tag pflegen oder Abordnungen zu Ihrer Organisationseinheit löschen (siehe Abbildung 2.39). Dem Thema Abordnungen haben wir uns schon in Abschnitt 2.1.4 ausführlich gewidmet. An dieser Stelle nehmen wir die tageweisen oder kurzfristigen Abordnungen vor, und hier wird auch das Thema der abweichenden Bezahlung behandelt.

Abbildung 2.39: Registerkarte »Weiteres«

In der Wertehilfe zur Organisationseinheit ist die entsprechende abzuordnende Einheit auszuwählen.

☛ Systemverhalten der voreingestellten Wertelisten

Die vorab eingestellte persönliche Werteliste (siehe Abschnitt 2.1.1) verkompliziert bei Abordnungen die Vorgehensweise eher. Erst müssen Sie bei einer Abordnung eine Organisationseinheit aus der Wertehilfe wählen, dann das Bild DETAILS ZUM EINSATZ verlassen, in der Folge erneut die DETAILS ZUM EINSATZ öffnen, auf den Reiter WEITERES klicken, gefolgt vom [Papierkorb-Symbol]. Erst jetzt bekommen Sie die Möglichkeit, mit der [Globus-Symbol] aus der Struktur zu wählen.

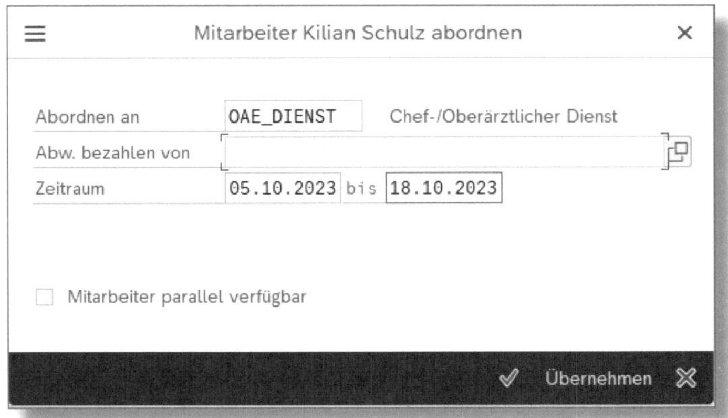

Abbildung 2.40: Abordnung durchführen

Haben Sie eine andere Organisationseinheit ausgewählt und wollen deren Kostenzuordnungen mit erfassen, müssen Sie erst die `Enter`-Taste drücken, ansonsten sehen Sie im Feld ABW. BEZAHLEN VON nichts (siehe Abbildung 2.40). Im Anschluss wählen Sie die Kostenstelle zur Übernahme aus (siehe Abbildung 2.41).

Die Felder zur Bezahlung sind immer grau dargestellt (siehe Abbildung 2.42), obwohl Eingabefelder sonst in der Regel weiß sind. Lassen Sie sich dadurch nicht verwirren, die Wertehilfe dahinter funktioniert trotzdem.

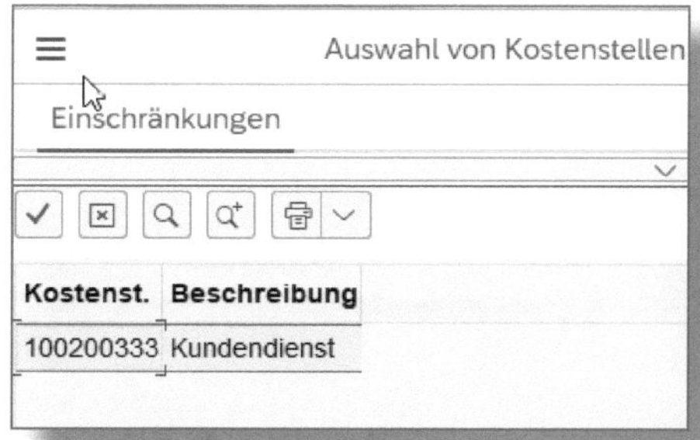

Abbildung 2.41: Kostenstelle zur Abordnung

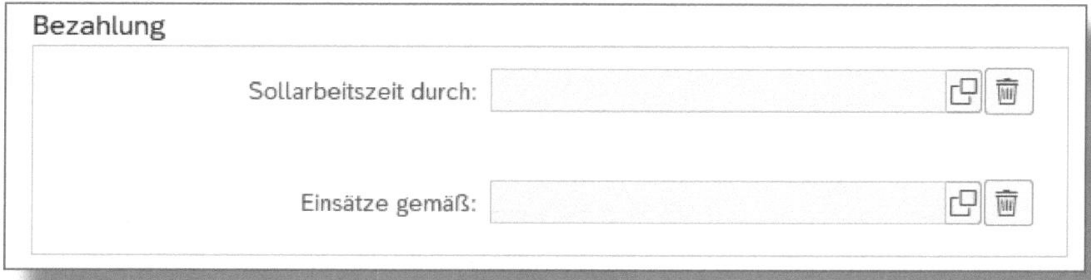

Abbildung 2.42: Bezahlung zur Abordnung

Sie könnten hier die Bezahlung der Abordnung über andere Planstellen realisieren. Allerdings wird diese Möglichkeit äußerst selten genutzt, weshalb ich hier nicht weiter auf sie eingehe.

Zudem gibt es unter dem Reiter WEITERES noch einmal eine Möglichkeit, Mitarbeiterdaten einzusehen, wie in Abschnitt 2.3.1 beschrieben (siehe Abbildung 2.39).

Registerkarte ZUORDNUNGEN

Unter ZUORDNUNGEN sehen Sie, ob der jeweilige Mitarbeiter an diesem Tag einem Bedarf zugeordnet ist (siehe Abbildung 2.43). Die Bedarfszuordnung wird in Abschnitt 3.3 ausführlich erläutert.

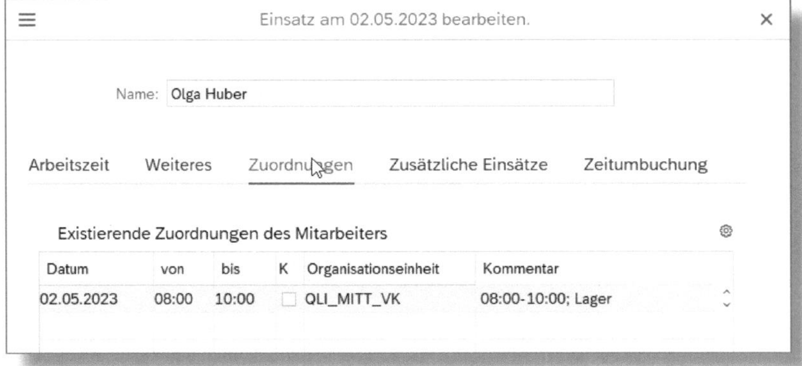

Abbildung 2.43: Registerkarte »Zuordnungen«

Registerkarte BEREITSCHAFT

In diese Registerkarte (siehe Abbildung 2.44) können Sie Einsatzkürzel, die in den Systemeinstellungen für einen Bereitschaftsdienst festgelegt wurden, eintragen und verändern.

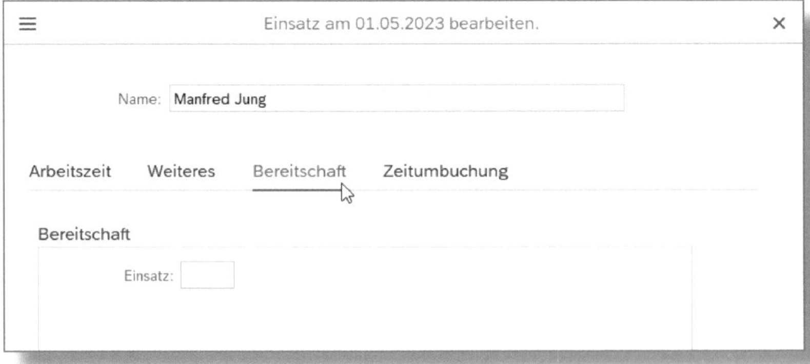

Abbildung 2.44: Registerkarte »Bereitschaft«

Diese Registerkarte ist allerdings veraltet und wird komplett durch die im Folgenden beschriebene Option ZUSÄTZLICHE EINSÄTZE ersetzt.

Registerkarte ZUSÄTZLICHE EINSÄTZE

Als Einsatzplaner wissen Sie, dass in der Praxis an einem Tag häufig *zusätzliche Einsätze* zustande kommen, z. B. eine zweite Anwesenheit wegen einer Teambesprechung, ein Bereitschaftsdienst im Anschluss an eine Schicht oder eine Abwesenheit nach Schichtbeginn.

Verwirrende Begrifflichkeit

Obwohl die Registerkarte ZUSÄTZLICHE EINSÄTZE genannt wird, kann ein zusätzlicher Einsatz auch eine Abwesenheit sein. Eine untertägige Krankheit bzw. eine Krankheit nach Schichtbeginn werden hierüber erfasst.

Derartiges tragen Sie auf der Registerkarte ZUSÄTZLICHE EINSÄTZE (siehe Abbildung 2.45) ein. Mittels der Wertehilfe wählen Sie den zusätzlichen Einsatz und ändern eventuell Beginn- und Endzeit. Mit dem Häkchen bei Vortag (V) ordnen Sie ihn dem Vortag zu, z. B. eine Rufbereitschaft, die am Vortag begonnen hat.

SAP liest die Zeiten zu einer Bereitschaft immer an dem Tag, an dem diese begonnen hat. Dies bedeutet: Wenn Sie z. B. an einem Montagabend eine Rufbereitschaft beginnen und es kommt innerhalb der Nacht nach 24 Uhr zu einem Rufbereitschaftseinsatz, dann muss dieser am Dienstag erfasst und mit dem beschriebenen Vortagshaken versehen werden.

Abbildung 2.45: Registerkarte »Zusätzliche Einsätze«

Im Feld KOSTENSTELLE können Sie den zusätzlichen Einsatz einer anderen Kostenstelle zuordnen.

Registerkarte ZEITUMBUCHUNG

Mit Ihren Eingaben auf dieser Registerkarte (siehe Abbildung 2.46) beeinflussen bzw. korrigieren Sie Bezahlfaktoren oder Zeitbewertungen mit dem Infotyp »2012«. Sie können mit *Zeitumbuchungen* Vorsalden korrigieren, Mehrarbeiten direkt auszahlen oder Bewertungen von Zeitinformationen pro Mitarbeiter individuell beeinflussen. Als Beispiel könnten hier eine Pausengutschrift erfasst werden oder aber Schmutzzulagen im Rahmen einer Schicht. Es zwar gibt eine Vielzahl von Anwendungsfällen. Wie jedoch diese Zeitumbuchungen in Ihrem Unternehmen genutzt werden, hängt komplett von den Projektanforderungen ab. Denn selbst wenn im SAP-Standard verschiedene Zeitumbuchungen vorgesehen sind, müssen diese für ihr System nicht zwingend relevant sein.

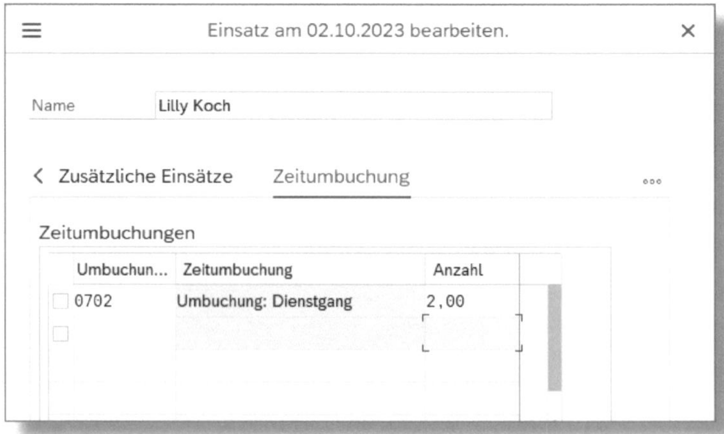

Abbildung 2.46: Registerkarte »Zeitumbuchung«

Registerkarte ZEITEREIGNISSE

Diese Registerkarte liefert Ihnen *Zeitereignisse* aus der Tabelle TEVEN. Zeitereignisse sind Zeitstempelungen am Terminal. Für gewisse Planungsszenarien kann es hilfreich sein, neben der Planung eine Positivzeitwirtschaft (also das positive Erfassen von Kommens- und Gehenszeiten mittels Terminals) aufrufen zu können. Bei Mitarbeitern mit dem Zeitauswertungsstatus Ist (Zeiterfassung) werden auf dieser Registerkarte alle Zeitereignisse pro Tag angezeigt (siehe Abbildung 2.47).

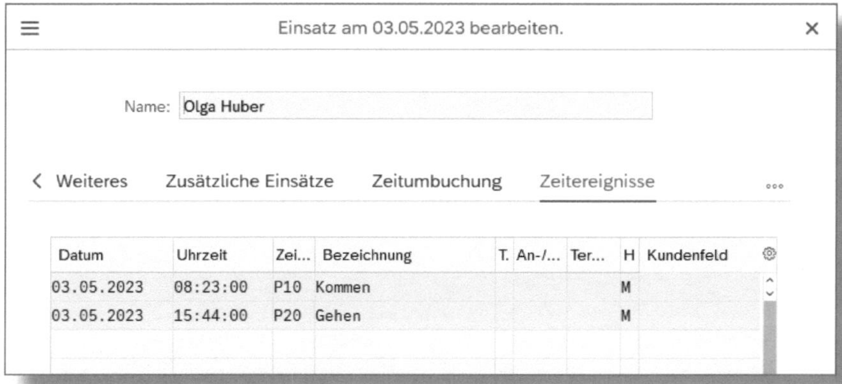

Abbildung 2.47: Registerkarte »Zeitereignisse«

2.3.3 Funktionen der Einsatzplanung

In diesem Abschnitt springe ich ein wenig hinsichtlich der Funktionalitäten der Personaleinsatzplanung, die ich Ihnen aus prozessualer Sicht nach Wichtigkeit bzw. nach immer wiederkehrenden Fragestellungen erläutere. Es können somit manche Funktionalitäten über das Menü oder aber (auch) über direkte Schaltflächen aufrufbar sein, worauf ich jedoch immer hinweisen werde.

Informationsspalten

Wie der Name bereits sagt, dienen *Informationsspalten* dazu, Sie als Planer mit Informationen zu versorgen, die für die Entscheidungsfindung bei der Planung von Bedeutung sind. Als Beispiel könnten hier die Stundensaldoinformationen dienen, mit deren Hilfe sich Mitarbeiter bei Ausfällen anderer Mitarbeiter gerechter einplanen lassen.

Sie haben hierbei die Möglichkeit, sich mehrere Informationsspalten einblenden zu lassen – maximal vier auf einen Blick. Zwischen mehr als vier Informationsspalten wechseln Sie mithilfe eines Scrollbalkens. Sie können aus einer Vielzahl von Informationen wählen – etwa Salden aus der Zeitbewertung oder Felder aus Infotypen. Welche Informationen Ihnen angeboten werden, hängt von den Systemeinstellungen ab. Im SAP-Standard sind das z. B. die in Abbildung 2.48 sichtbaren Informationen.

Zum Ändern der Informationsspalten wählen Sie den Menüpfad SICHTEN • INFORMATIONSSPALTEN ÄNDERN.

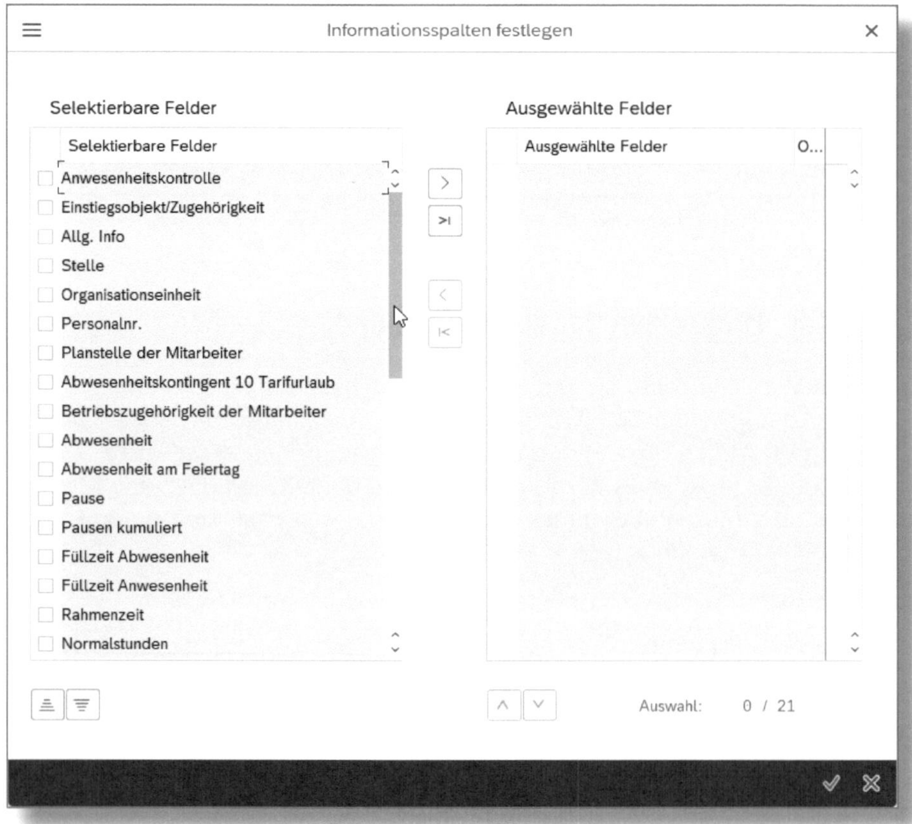

Abbildung 2.48: Informationsspalten festlegen

In der Abbildung sehen Sie, wie Sie die Informationsspalten festlegen. Die selektierbaren Spalten sind im linken Bereich dargestellt, die ausgewählten rechts. Die Auswahl erfolgt über einen Doppelklick. Alternativ können Sie ein Feld markieren und über die Buttons [>] [<] verschieben. Über den Pfad Sichten • Informationsspalten ausblenden blenden Sie diese komplett aus und später wieder ein.

Alle gewählten Informationsspaltengruppen können Sie als benutzerbezogene Variante speichern (siehe Abbildung 2.49).

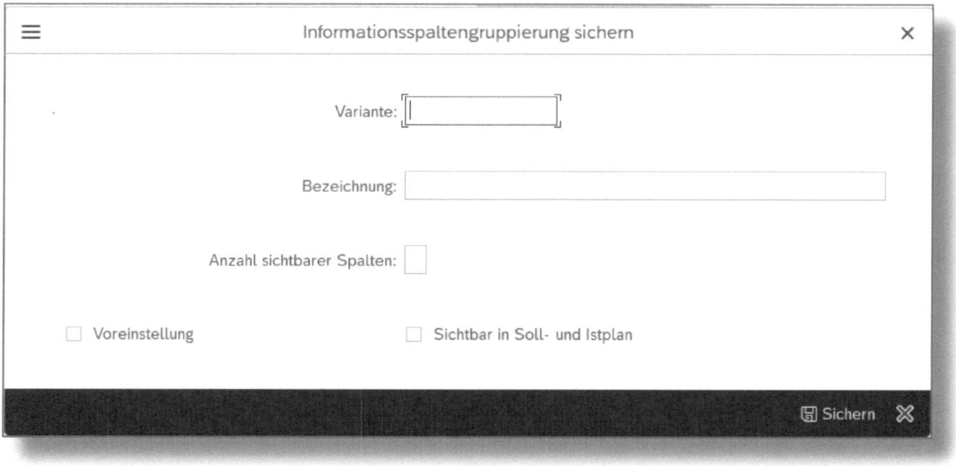

Abbildung 2.49: Informationsspalten sichern

Mit der Auswahl Voreinstellung und Sichtbar in Soll- und Istplan werden die Informationsspalten bei Aufruf der Transaktion *PP61* im Soll- und Istplan als Einstiegsvariante angezeigt. Möchten Sie eine andere Variante aufrufen, wählen Sie Informationsspaltengruppen laden.

Die Anzahl der anzuzeigenden Spalten wählen Sie über den Menüpfad Sichten • Anzahl sichtbare Infospalten festlegen.

Es besteht die Möglichkeit, für Informationsspalten mit Zeitinformationen eine sofortige Bewertung festzulegen. Dies bedeutet, dass etwa Konteninformationen sofort aktualisiert werden, wenn z. B. der Planer einen freien Tag erfasst. Dann wird das Plus- bzw. Minuskonto sofort negativ bewertet. Dies ist jedoch Projektarbeit und im SAP-Standard vorab nicht eingestellt.

Sortierung auf- oder absteigend

Anwender, die häufig mit SAP und Listdarstellungen arbeiten, wissen um die Funktionalität der auf- oder absteigenden Sortierung. In der SAP-Personaleinsatzplanung ist das ebenso. Jede Spalte können Sie markieren und über die beiden Schaltflächen sortieren.

Es ist dabei egal, ob Sie die Namenspalte, eine Infospalte oder Tagesspalten markieren. Haben Sie z. B. eine Informationsspalte mit Saldenständen, können Sie diese ordnen, um etwa zu sehen, welcher Mitarbeiter den höchsten Stundenstand hat, um diesem eventuell bei Überhang als Erstem einen freien Tag geben (siehe Abbildung 2.50).

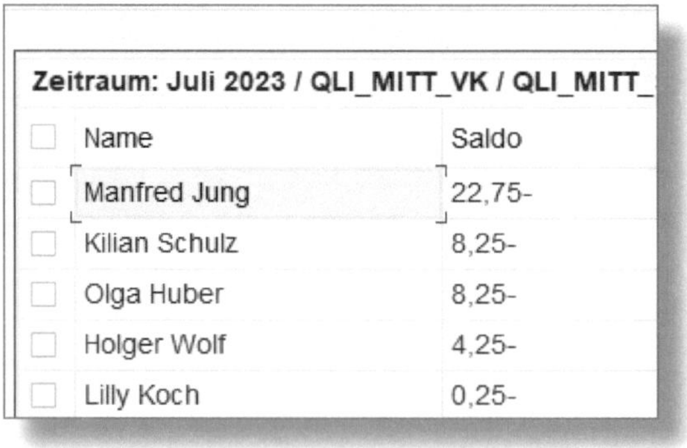

Zeitraum: Juli 2023 / QLI_MITT_VK / QLI_MITT_

Name	Saldo
Manfred Jung	22,75-
Kilian Schulz	8,25-
Olga Huber	8,25-
Holger Wolf	4,25-
Lilly Koch	0,25-

Abbildung 2.50: Absteigende Spaltensortierung

Zellen vergrößern oder verkleinern

In Zeiten großer Bildschirme können Sie die Zellen deutlich vergrößern, ohne einen kleineren Planungszeitraum einzusehen. Diese Funktion erreichen Sie über die Schaltflächen .

Zusatzzeilen

Über SICHTEN • ZUSATZZEILEN EIN-/AUSBLENDEN blenden Sie zusätzliche Zeilen pro Mitarbeiter ein oder aus. Dies kann eine BEREITSCHAFTSZEILE oder eine INFORMATIONSZEILE sein. Im Istplan steht Ihnen außerdem die STUNDENSALDOZEILE zur Verfügung (siehe Abbildung 2.51).

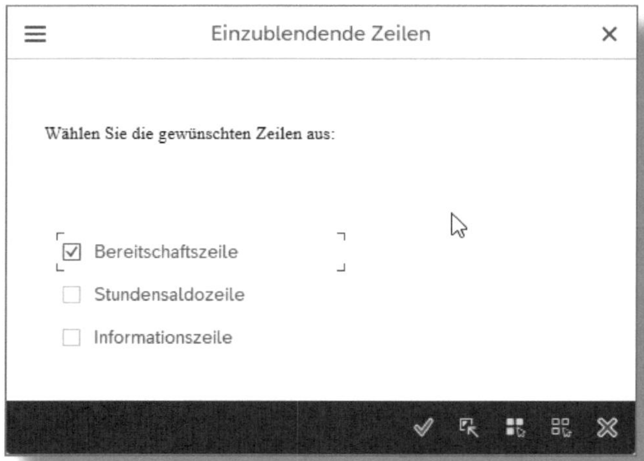

Abbildung 2.51: Zusatzzeilen einblenden (Istplan)

Bereitschaftszeile

Diese Zeile ermöglicht die direkte Eingabe (siehe Abbildung 2.52) von Bereitschaften über die Plantafel, analog zu den Erfassungsmöglichkeiten aus Abschnitt 2.3.2. Sie müssen bei deren Planung somit nicht über die Details zum Einsatz und über die Registerkarte ZUSÄTZLICHE EINSÄTZE gehen.

Zeitraum: Juni 2023 / QLI_MITT_VK / QLI_MITT_SV / QLI_MITT_KD / QLI_MITT_PR / QLI_MIT

	Name	DO 01.06.	FR 02.06.	**SA 03.06.**	**SO 04.06.**
	Manfred Jung	GL	GLB	*//*	*//*
		B			

Abbildung 2.52: Bereitschaft auf Bereitschaftszeile erfasst

In der *Bereitschaftszeile* lassen sich nur Bereitschaften direkt erfassen, also SAP-Tagesarbeitszeitpläne, die im System als Bereitschaft gekennzeichnet sind. Wenn Sie versuchen, hier die Tagesbereitschaftszelle zu markieren und über die Einsatzkürzelleiste ein Kürzel zu wählen, das keiner Bereitschaft entspricht, wird Ihnen in der Fußzeile immer die Meldung aus Abbildung 2.53 angezeigt.

Abbildung 2.53: Meldung über nicht zu erfassende Bereitschaft

Andersherum verhält es sich genauso: Ein Bereitschaftskürzel in der Tageszeile führt ebenso zu einer Hinweismeldung.

Informationszeile

Für Sie als Planer kann es sinnvoll sein, den ursprünglichen Einsatz eines Mitarbeiters oder andere Informationen in einer zusätzlichen Zeile zu sehen. Nachdem Sie die Informationszeile eingeblendet haben, ist diese zunächst leer. Sie können sich dort vier Einsatzinformationen gleichzeitig anzeigen lassen. Diese werden durch das Zeichen »|« getrennt.

Die Bezeichnungen der Informationszeile muten im SAP-Standard sehr kryptisch an, dennoch sind sie relativ logisch in der Handhabung:

- **Originaldienst gemäß Infotyp »0007 – Sollarbeitszeit«:** Kürzel des Ursprungs- oder Originaleinsatzes der vertraglich festgelegten Arbeitszeit eines Mitarbeiters (siehe Abbildung 2.54). Dies kann z. B. ein Acht-Stunden-Einsatzkürzel eines Mitarbeiters sein, der mit 40 Wochenstunden in einer Fünf-Tage-Woche arbeitet.

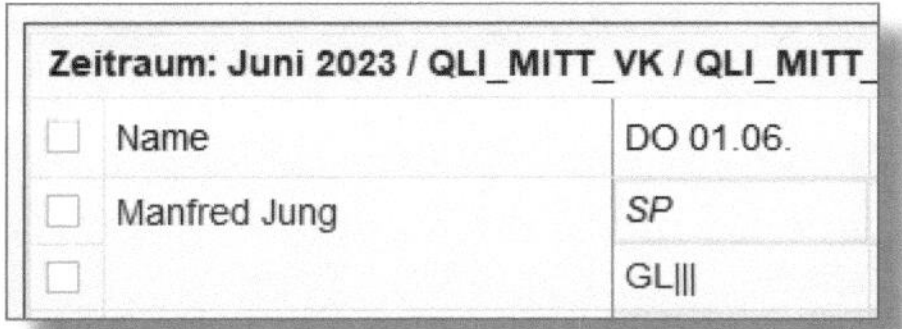

Abbildung 2.54: Informationszeile »Originaldienst« gemäß Infotyp »0007 – Sollarbeitszeit«

- **Vertretungsart gemäß »Infotyp 2003 –Vertretungen«:** Die Vertretungsarten wurden in Abschnitt 2.3.2 erläutert, hier werden deren IDs (siehe Abbildung 2.55, Arbeitszeitwunsch entspricht Vertretungsart 06) erneut angezeigt.

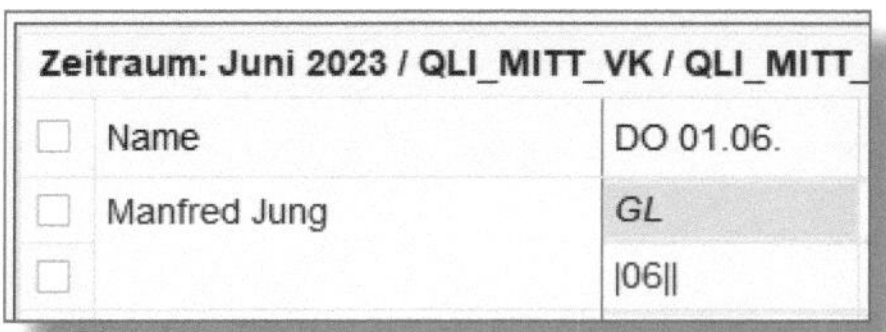

Abbildung 2.55: Informationszeile »Vertretungsart« gemäß Infotyp »2003 – Vertretungen«

- **Zusätzliche An-/Abwesenheiten laut Detail-Pop-up:** Wurden in den Details zum Einsatz und auf der entsprechenden Registerkarte ZUSÄTZLICHE EINSÄTZE (außer Bereitschaften) ebendiese erfasst, werden hier die Kürzel angezeigt (siehe Abbildung 2.56). Wenn aufgrund einer Vielzahl von Einsätzen der Platz in der Zelle nicht ausreicht, wird ein Vergleichszeichen (»>«) angezeigt.

Zeitraum: Juni 2023 / QLI_MITT_VK / QLI_MITT_

Name	DO 01.06.
Manfred Jung	***GL***
	||ab|

Abbildung 2.56: Informationszeile »Zusätzliche An-/Abwesenheiten« gemäß Detail-Pop-up

- **Dienst unter einer ganztägigen An-/Abwesenheit:** Hier werden die Einsatzkürzel angezeigt, die in der Registerkarte ZUSÄTZLICHE EINSÄTZE erfasst wurden, wenn an dem Tag eine ganztägige An- oder Abwesenheit auf der Sollplan- oder Istplanzeile eingetragen wird (siehe Abbildung 2.57).

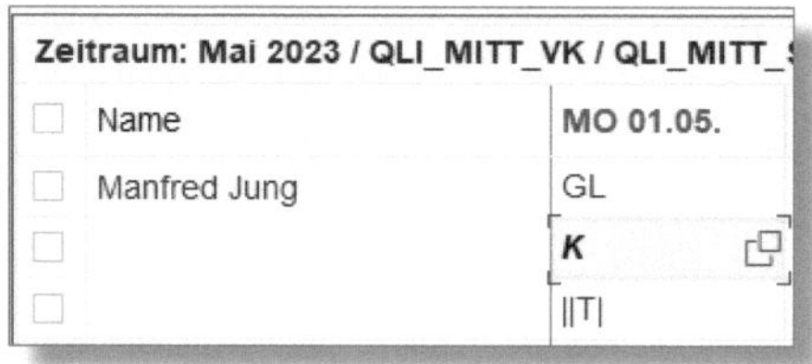

Abbildung 2.57: Informationszeile »Dienst unter einer ganztägigen An-/Abwesenheit«

Stundensaldozeile

Hierbei handelt es sich um eine Zusatzzeile, die nur bei abgeschlossenem Sollplan angezeigt wird und die Ihnen im Einsatzplan tagesgenau für jeden Mitarbeiter die Differenz zwischen den Ist- und den Sollarbeitsstunden anzeigt. Sie sehen in Abbildung 2.58 hierzu das für den Mitarbeiter erfasste Stundenplus am 01.06.23 und am 02.06.23 die halbe Minusstunde.

Zeitraum: Juni 2023 / QLI_MITT_VK / QLI_MITT_SV / QLI_MITT_KD

Name	DO 01.06.23	FR 02.06.23
Manfred Jung	GL	GLB
		FR
	3.00	0.50-

Abbildung 2.58: Stundensaldozeile

Einsatz über Zeitraum

Eine Reihe von nützlichen Eingabehilfen verbirgt sich hinter der Funktionalität *Einsatz über Zeitraum*. Darüber werden die eingegebenen Daten zeitraumbezogen erfasst. Dies bewirkt eine Performancesteigerung, da die Daten schneller und genauer verarbeitet werden als bei zeilenweiser Eingabe auf der Planungsoberfläche.

Aufrufen können Sie EINSATZ ÜBER ZEITRAUM direkt über den entsprechenden Button auf der Planungsoberfläche (siehe Abbildung 2.59) oder über den Menüpfad BEARBEITEN • EINSATZ ÜBER ZEITRAUM.

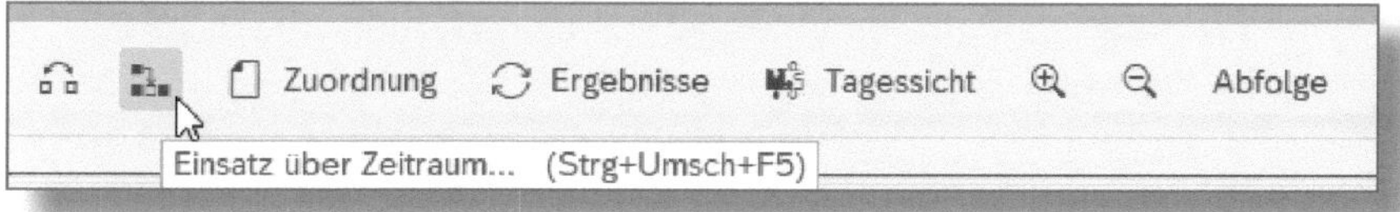

Abbildung 2.59: Einsatz über Zeitraum

In der Praxis bieten sich Ihnen viele Möglichkeiten der Datenvorbereitung, bevor Sie diese Funktionalität aufrufen. Wenn Sie eine Namenszeile anklicken und das Feld EINSATZ ÜBER ZEITRAUM aufrufen, sind der entsprechende Mitarbeiter und der gesamte Monat als Vorauswahl eingetragen. Wählen Sie neben der Namenszeile bei gedrückter Strg-Taste noch zusätzlich die Tagesspalten aus, zeigt sich das Dialogfenster mit voreingestelltem Datum (siehe Abbildung 2.60).

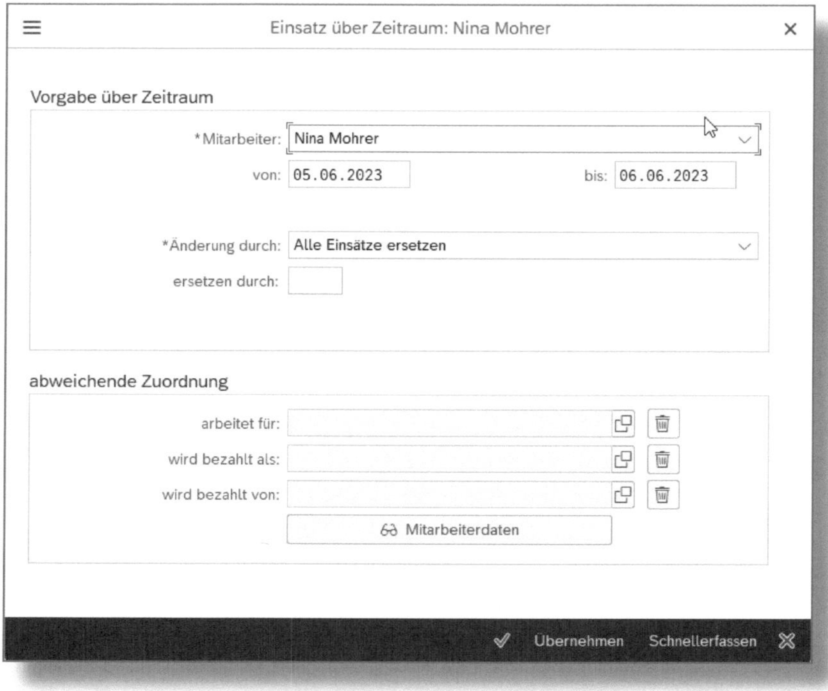

Abbildung 2.60: Einsatz über Zeitraum – Dialogfenster

☛ Tageszeilen markieren

Zur Auswahl bestimmter Tage pro Mitarbeiter haben Sie an dieser Stelle auch die Möglichkeit, die Tageszellen in der Mitarbeiterzeile auf der Plantafel zu markieren und dann Einsatz über Zeitraum zu wählen. Alle Daten sind dann vorausgefüllt.

Im Feld Änderung durch stehen Ihnen folgende Funktionen zur Verfügung:

- *Alle Einsätze ersetzen:* Diese Eingabefunktion besitzt die gleichen Funktionen wie die Markierung von Tageszellen und die Auswahl des Einsatzkürzels über die Einsatzkürzelleiste.
- *Einsätze außer Arbeitsfrei ersetzen:* Hier werden über den gewählten Zeitraum alle Einsätze mit Ausnahme der arbeitsfreien Tagen ersetzt. Sie könnten mit dieser Funktionalität die Abwesenheit eines Mitarbeiters, z. B. einen Urlaub, für einen kompletten Monat eintragen, ohne dass die arbeitsfreien Tage mit dem Einsatzkürzel »X« oder »FREI« geändert würden.
- *Speziellen Einsatz ersetzen:* Hiermit werden nicht alle Einsätze im betrachteten Zeitraum überschrieben, sondern nur ganz bestimmte, z. B. alle Gleitzeitschichtkürzel durch Spätschichtschichtkürzel (siehe Abbildung 2.61).
- *Einsätze/Bereitschaften durch Abfolge ersetzen:* In der Praxis kommt es sehr häufig zu Abfolgen von bestimmten Schichten, z. B. bei einer Schicht am Tag 1, im Anschluss an eine Bereitschaft und am Tag 2 könnte arbeitsfrei sein. In den Systemeinstellungen besteht außerdem die Möglichkeit, für diese Prozesse Einsatzkürzelabfolgen für Einsatzgruppen zu vermerken. Hierbei können Sie über einen gewählten Zeitraum spezielle Schicht- oder Einsatzabfolgen auf einmal eintragen. Auf diese Weise ersparen Sie sich mehrere Menüschritte und können komplexere Abfolgen mit wenigen Arbeitsschritten erfassen.
- *Kennzeichen setzen:* Mit diesem Menüpunkt überschreiben Sie alle Einsatzkürzel einer bestimmten Vertretungsart mit einer anderen Vertretungsart. Im vorliegenden Beispiel werden alle Schichten als Arbeitszeitwünsche gekennzeichnet (siehe Abbildung 2.62).

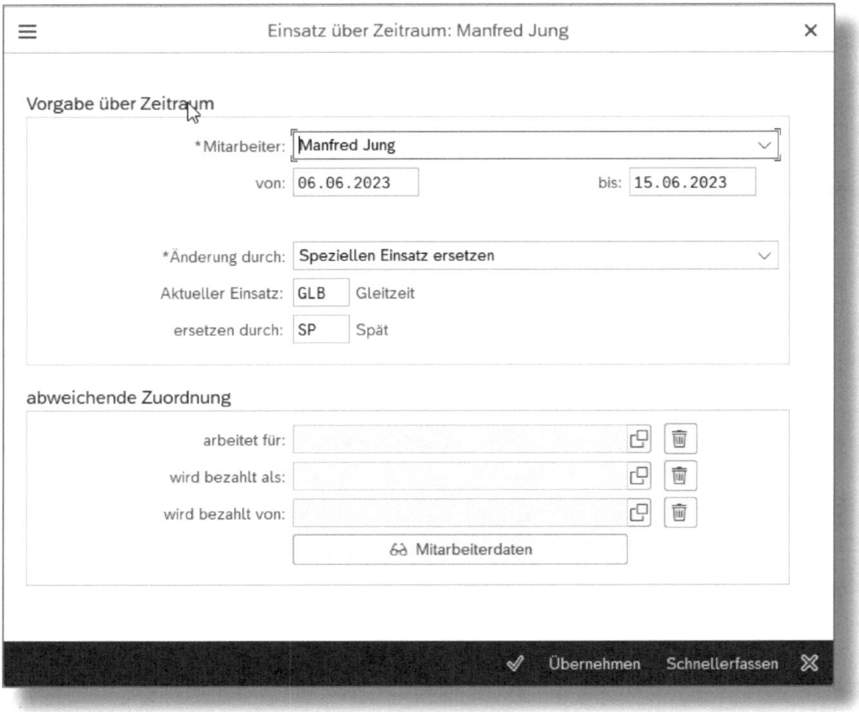

Abbildung 2.61: Speziellen Einsatz ersetzen

Abbildung 2.62: Kennzeichen setzen

- *Einsätze über Planungszeitraum ersetzen:* Wählen Sie diesen Menüpunkt, wenn Sie im Einstieg in den Soll- oder Istplan eine Zeitraumwahl getroffen haben, über die Sie nun hinausplanen wollen – beispielsweise wenn Sie einem Mitarbeiter eine Nachtschicht vom 31. Juli bis zum 3. August eintragen möchten, aber den Planungszeitraum Juli gewählt haben.
- *Bereitschaften einfügen; Bereitschaften einfügen, außer wenn arbeitsfrei; Bereitschaft einfügen/ersetzen:* Diese Funktionen sind analog zu den entsprechenden Punkten zum Ersetzen von Einsätzen.
- *Originaldienst wiederherstellen:* Mit dieser Funktion nehmen Sie im gewählten Zeitraum alle bis dahin gemachten Änderungen wieder zurück. In die Plantafel werden die Einsatzkürzel eingetragen, die der Mitarbeiter hätte, wenn sich seine Arbeitszeit nach den Vorgaben der Arbeitszeitplanregel aus dem Infotyp »0007 – Sollarbeitszeit« richten würde. Dabei werden auch Ab- oder Anwesenheiten gelöscht.
- *Voreingestellte Abfolge von Einsätzen/Bereitschaften:* Diese Funktionalität entspricht der oben beschriebenen Auswahl *Einsätze/Bereitschaften durch Abfolge ersetzen*, allerdings mit dem Unterschied, dass Sie sie direkt aus der Oberfläche der Plantafel aufrufen (siehe Abbildung 2.63).

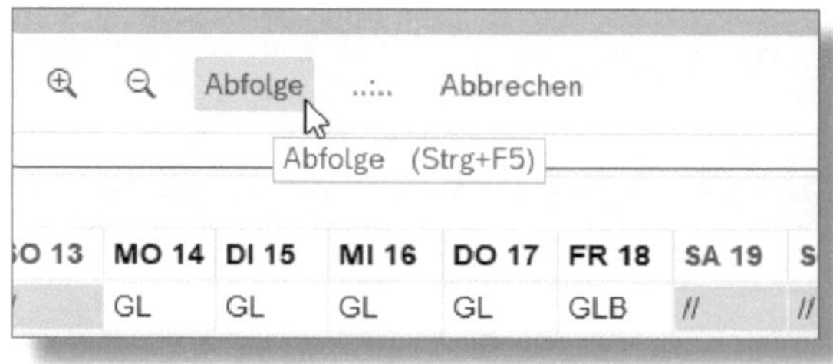

Abbildung 2.63: Einsatzkürzelabfolge

Markieren Sie direkt in den Tageszellen der Mitarbeiterzeile die Tage, an denen Sie eine Einsatzabfolge hinterlegen möchten, und klicken Sie auf den Button ABFOLGE. Es öffnet sich das Dialogfenster EINSATZ ÜBER

ZEITRAUM mit der Auswahl EINSÄTZE/BEREITSCHAFTEN DURCH ABFOLGE ERSETZEN (siehe Abbildung 2.64).

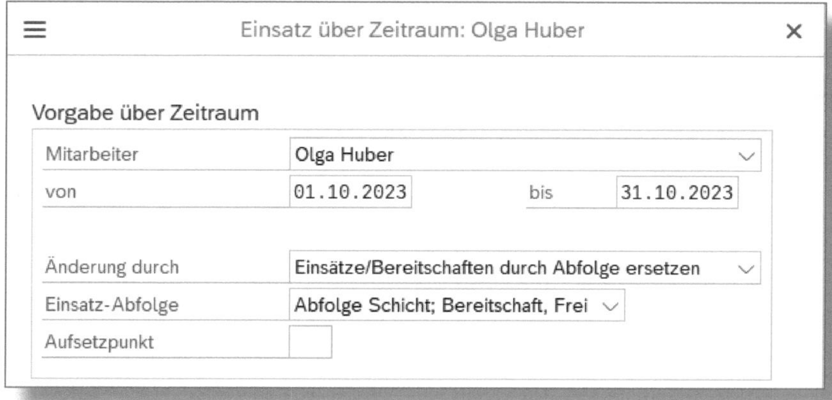

Abbildung 2.64: Detailsicht der zu wählenden Einsatzkürzelabfolge

Wählen Sie Ihre Abfolge, und im Anschluss ist der Button ABFOLGE mit der ID Ihrer gewählten Einsatzabfolge als Default-Wert SCH-BD-// vorbelegt. Sie können nun genau diese Abfolge immer sofort über diesen Button anwählen.

Möchten Sie die Einsatzabfolge für den Button ändern, rufen Sie EINSATZ ÜBER ZEITRAUM wieder auf und ändern über die voreingestellte Abfolge von Einsätzen/Bereitschaften Ihre Einsatzabfolge.

Einsatztausch

Tauschen zwei Mitarbeiter ihren Einsatz, markieren Sie bei gedrückter `Strg`-Taste diese beiden Mitarbeiter sowie die Tagesspalten und wählen im Anschluss den Menüpfad BEARBEITEN • EINSÄTZE KOPIEREN/TAUSCHEN aus bzw. klicken auf den entsprechenden Button (siehe Abbildung 2.65).

Abbildung 2.65: Button »Einsatz kopieren/tauschen«

Es erscheint das Dialogfenster EINSÄTZE ÜBER ZEITRAUM TAUSCHEN (siehe Abbildung 2.66).

Einsätze über Zeitraum tauschen

Bearbeitungsart wählen

*Bearbeitungsart: Tausch von Einsätzen

Zeitraum: 05.06.2023 bis: 05.06.2023

*von Mitarbeiter: Testone Test

*mit Mitarbeiter: Lilly Koch

Tauschoptionen

mit Bedarfszuordnungen

mit Bereitschaften

Übernehmen Kopierrichtung umkehren

Abbildung 2.66: Einsatz über Zeitraum tauschen

Vorgegeben sind der ZEITRAUM des Tauschs und die ausgewählten MITARBEITER. Sie entscheiden über die TAUSCHOPTIONEN, und zwar konkret, ob die BEDARFSZUORDNUNGEN und BEREITSCHAFTEN beim Einsatztausch berücksichtigt werden sollen.

Einmalig ausgeführt, bleiben diese Einstellungen im Default des Systems erhalten. Sie haben dann die Möglichkeit, über den Hotkey den Tausch von Einsätzen noch schneller zu erledigen. Markieren Sie Mitarbeiter und Tagesspalten, und klicken Sie auf den Button EINSÄTZE TAUSCHEN (siehe Abbildung 2.67). Die Einsätze der ausgewählten Mitarbeiter werden sofort getauscht.

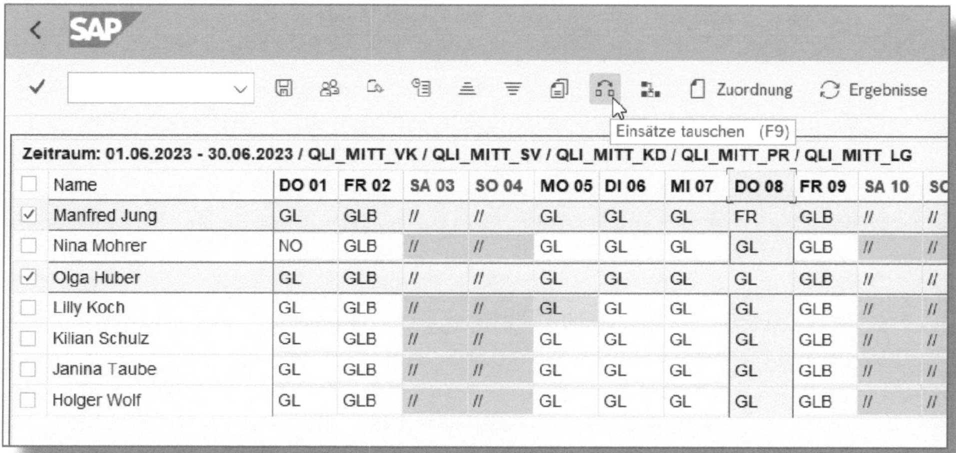

Name	DO 01	FR 02	SA 03	SO 04	MO 05	DI 06	MI 07	DO 08	FR 09	SA 10	SO
Manfred Jung	GL	GLB	//	//	GL	GL	GL	FR	GLB	//	//
Nina Mohrer	NO	GLB	//	//	GL	GL	GL	GL	GLB	//	//
Olga Huber	GL	GLB	//	//	GL	GL	GL	GL	GLB	//	//
Lilly Koch	GL	GLB	//	//	GL	GL	GL	GL	GLB	//	//
Kilian Schulz	GL	GLB	//	//	GL	GL	GL	GL	GLB	//	//
Janina Taube	GL	GLB	//	//	GL	GL	GL	GL	GLB	//	//
Holger Wolf	GL	GLB	//	//	GL	GL	GL	GL	GLB	//	//

Abbildung 2.67: Hotkey für Einsatztausch

Mitarbeiterwünsche

Dienstplanwünsche der Mitarbeiter kommen in der täglichen Praxis sehr häufig vor. Doch wie erreicht man, dass im weiteren Verlauf dieser Wunsch nicht einfach ignoriert wird, falls der Einsatzplaner später kurzfristige Planänderungen durchführt? Dafür sorgt die Funktionalität MITARBEITERWÜNSCHE.

Diese Sicht entspricht hinsichtlich der Anzeige der Planungsübersicht dem Sollplan und kann nur aus dem Sollplan heraus über den Menüpfad SPRINGEN • MITARBEITERWÜNSCHE aufgerufen werden. Die Überschrift des Sollplans ändert sich nach dieser Aktion (siehe Abbildung 2.68), und einige Funktionalitäten sind auf der Plantafel nicht mehr verfügbar.

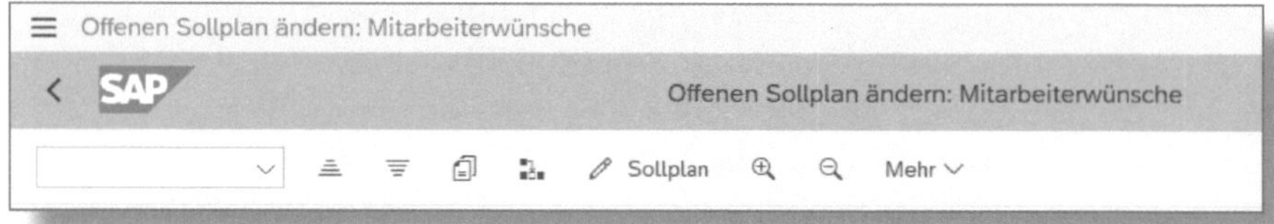

Abbildung 2.68: Funktionalität »Offenen Sollplan ändern: Mitarbeiterwünsche«

Nach diesem Aufruf pflegen Sie die Einsatzwünsche der Mitarbeiter, gerade so, als wenn Sie eine normale Einsatzplanung vornehmen. Als Mitarbeiterwunsch können ausschließlich normale Einsatzkürzel hinterlegt werden, keine Bereitschaften, An- oder Abwesenheiten. Diese werden in der Folge auf der Datenbank der »Vertretungen« als Wunsch abgelegt.

Mitarbeiterwünsche können in SAP infolgedessen anders bewertet und berechnet werden und stellen somit zeitwirtschaftlich eine Besonderheit dar. Beispielsweise wird eine Schicht, die aus einem Wunsch resultiert, nie mit einem Mehr- oder Überstundenzuschlag bewertet. Dies obliegt aber den Systemeinstellungen Ihres Unternehmens. In unserem Fall gilt die Deklaration einer Schicht mit dem Kennzeichen MITARBEITERWUNSCH. Die Systemeinstellungen in SAP gehen so weit, dass Mitarbeiterwünsche grafisch anders gekennzeichnet sind als »normale« Einsatzkürzel, sodass auf der Planungsoberfläche einfacher ersichtlich ist, ob es sich z. B. um einen Frühschichteintrag handelt oder um einen Frühschichtwunsch. Zudem gibt bei der Planung das System einen Hinweis aus, wenn Sie einen eingetragenen Mitarbeiterwunsch überschreiben möchten (siehe Abbildung 2.69).

Um wieder zum Sollplan zurückzukehren, klicken Sie auf den Button SOLLPLAN (siehe Abbildung 2.70).

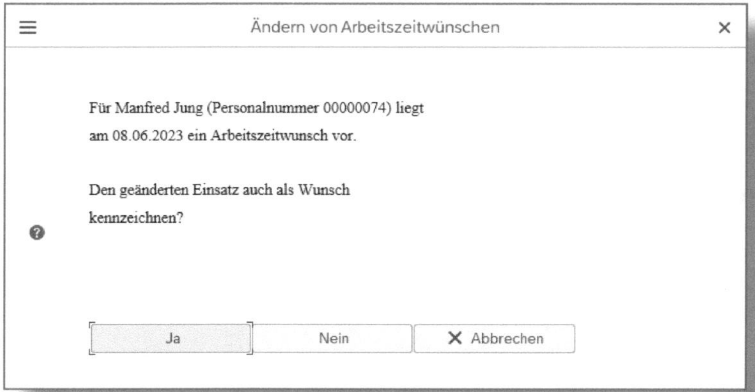

Abbildung 2.69: Arbeitszeitwünsche ändern

Abbildung 2.70: Mitarbeiterwünsche verlassen

Tagessicht

Die Tagessicht ermöglicht Ihnen, für jeden einzelnen Tag die Planung zur gewählten Organisationseinheit und deren Mitarbeitern einzusehen.

Um in die Tagessicht der Plantafel zu gelangen, klicken Sie auf die Schaltfläche Tagessicht oder gehen Sie über SPRINGEN • TAGESSICHT in die Tagessicht.

Bei nicht vorhandener Tagesspaltenmarkierung zeigt Ihnen das System den ersten Tag des Planungszeitraums. Sie haben jederzeit die Möglichkeit, zum Vor- oder Folgetag zu navigieren, indem Sie die Schaltflächen betätigen.

Sie sehen nun alle Mitarbeiter in einer Tagessicht mit entsprechenden Einsatzkürzeln (siehe Abbildung 2.71). Dabei gibt es keine Mehrzeilensicht, und die Schichten des Tages sind durch gestrichelte Uhrzeitintervalle gekennzeichnet.

Wenn bei Mitarbeitern mehrere Einsatzkürzel geplant wurden (z. B. Schicht und Bereitschaften), dann expandieren Sie diesen Tag durch das Icon .

Zuordnung | Sicht drehen | Zuordnungssicht | Mehr

Einsatzplan für Donnerstag 01.06.2023

<table>
<tr><th>Name</th><th>Mehr</th><th>Ek</th><th>Einsatz</th><th>von</th><th>bis</th><th>V</th><th>07:00</th><th>08:00</th><th>09:00</th><th>10:00</th><th>11:00</th><th>12:00</th><th>13:00</th><th>14:00</th><th>15:00</th><th>16:00</th><th>17:00</th></tr>
<tr><td>Manfred Jung</td><td></td><td>GL</td><td>itzeit</td><td>08:00</td><td>17:00</td><td></td><td></td><td>|----</td><td>-----</td><td>-----</td><td>-----</td><td>-----</td><td>-----</td><td>-----</td><td>-----</td><td>-----</td><td>|</td></tr>
<tr><td>Nina Mohrer</td><td></td><td>NO</td><td>Normalarbeit</td><td>07:00</td><td>15:30</td><td></td><td>|----</td><td>-----</td><td>-----</td><td>-----</td><td>-----</td><td>-----</td><td>-----</td><td>-----</td><td>--|</td><td></td><td></td></tr>
<tr><td>Testone Test</td><td></td><td>NO</td><td>Normalarbeit</td><td>07:00</td><td>15:30</td><td></td><td>|----</td><td>-----</td><td>-----</td><td>-----</td><td>-----</td><td>-----</td><td>-----</td><td>-----</td><td>--|</td><td></td><td></td></tr>
<tr><td>Olga Huber</td><td></td><td>GL</td><td>Gleitzeit</td><td>08:00</td><td>17:00</td><td></td><td></td><td>|----</td><td>-----</td><td>-----</td><td>-----</td><td>-----</td><td>-----</td><td>-----</td><td>-----</td><td>-----</td><td>|</td></tr>
<tr><td>Lilly Koch</td><td></td><td>GL</td><td>Gleitzeit</td><td>08:00</td><td>17:00</td><td></td><td></td><td>|----</td><td>-----</td><td>-----</td><td>-----</td><td>-----</td><td>-----</td><td>-----</td><td>-----</td><td>-----</td><td>|</td></tr>
<tr><td>Kilian Schulz</td><td></td><td>GL</td><td>Gleitzeit</td><td>08:00</td><td>17:00</td><td></td><td></td><td>|----</td><td>-----</td><td>-----</td><td>-----</td><td>-----</td><td>-----</td><td>-----</td><td>-----</td><td>-----</td><td>|</td></tr>
<tr><td>Janina Taube</td><td></td><td>GL</td><td>Gleitzeit</td><td>08:00</td><td>17:00</td><td></td><td></td><td>|----</td><td>-----</td><td>-----</td><td>-----</td><td>-----</td><td>-----</td><td>-----</td><td>-----</td><td>-----</td><td>|</td></tr>
<tr><td>Holger Wolf</td><td></td><td>GL</td><td>Gleitzeit</td><td>08:00</td><td>17:00</td><td></td><td></td><td>|----</td><td>-----</td><td>-----</td><td>-----</td><td>-----</td><td>-----</td><td>-----</td><td>-----</td><td>-----</td><td>|</td></tr>
</table>

Abbildung 2.71: Tagessicht

Sie haben in dieser Plantafel die Möglichkeit, z. B. Bereitschaften oder zusätzliche Anwesenheiten zu pflegen. Nach Markierung einer Mitarbeiterzeile und Betätigung der Schaltfläche EINSATZ EINFÜGEN (siehe Abbildung 2.72) legen Sie eine zusätzliche An- oder Abwesenheit an (analog zu den zusätzlichen Einsätzen aus Abschnitt 2.3.2) und können in den Feldern VON und BIS die Einsatzzeit eintragen (Abbildung 2.73).

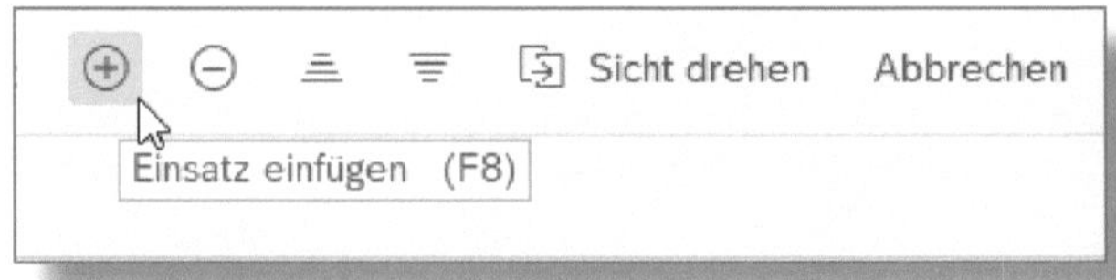

Abbildung 2.72: Einsatz einfügen

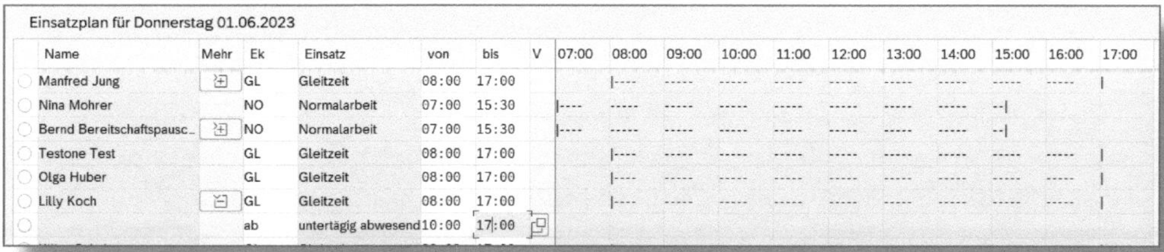

Einsatzplan für Donnerstag 01.06.2023

Name	Mehr	Ek	Einsatz	von	bis	V	07:00	08:00	09:00	10:00	11:00	12:00	13:00	14:00	15:00	16:00	17:00
Manfred Jung		GL	Gleitzeit	08:00	17:00			|----	-----	-----	-----	-----	-----	-----	-----	-----	|
Nina Mohrer		NO	Normalarbeit	07:00	15:30		|----	-----	-----	-----	-----	-----	-----	-----	--|		
Bernd Bereitschaftspausc...		NO	Normalarbeit	07:00	15:30		|----	-----	-----	-----	-----	-----	-----	-----	--|		
Testone Test		GL	Gleitzeit	08:00	17:00			|----	-----	-----	-----	-----	-----	-----	-----	-----	|
Olga Huber		GL	Gleitzeit	08:00	17:00			|----	-----	-----	-----	-----	-----	-----	-----	-----	|
Lilly Koch		GL	Gleitzeit	08:00	17:00			|----	-----	-----	-----	-----	-----	-----	-----	-----	|
		ab	untertägig abwesend	10:00	17:00												

Abbildung 2.73: Zusätzliche Abwesenheit in Tagessicht

Über die Schaltfläche ⊖ lassen sich die zusätzlichen Einsätze wieder löschen.

Wie in Abbildung 2.72 gut erkennbar, bietet die Tagessicht noch ein weiteres interessantes Detail: Die Funktionalität SICHT DREHEN stellt alles auf den Kopf. Dies passt aber eigentlich gar nicht in die TAGESSICHT, sondern eher in die ZUORDNUNGSSICHT. Diese erläutere ich Ihnen in Abschnitt 3.3.5.

Druckoptionen

Selbstverständlich können Sie Ihren Einsatzplan auch ausdrucken. Hierfür bietet Ihnen die Personaleinsatzplanung verschiedene Optionen. Über den Menüpfad EINSTELLUNGEN • DRUCKOPTIONEN passen Sie die Aufbereitung des Ausdrucks an Ihre Anforderungen an. Eine ausführliche Beschreibung aller Funktionen finden Sie in Abschnitt 4.5.

Arbeitszeit prüfen

Mit der Funktion ARBEITSZEIT PRÜFEN können Sie sich selektiv Zeitarten, Lohnarten und Hinweise aus der SAP-Zeitauswertung anzeigen lassen. Diese simuliert die Resultate Ihrer Planung. Wie entwickeln sich bestimmte Stundenkonten? Wie werden im Rahmen der Zeitauswertung Hinweise generiert, die von Interesse für die Planung sein könnten? Einfachstes Beispiel hierfür sind eventuelle Ruhezeitverletzungen. Zusätzlich werden Ihnen noch Kontingente (z. B. Urlaub) angezeigt. Die Informationsspalten (siehe Abschnitt 2.3.3) werden hierdurch nicht aktualisiert.

Wenn Sie die Funktion über die Schaltfläche auf der Planungsoberfläche ausgewählt haben, wird im Hintergrund die Zeitauswertung gestartet; die Ergebnisse dieser Simulation werden nicht in der Datenbank gespeichert, sie dienen allein Ihnen zur Ansicht. Anschließend erscheint der Selektionsbildschirm in Form einer Baumstruktur zur Auswahl der Tatbestände aus der Zeitauswertung (siehe Abbildung 2.74).

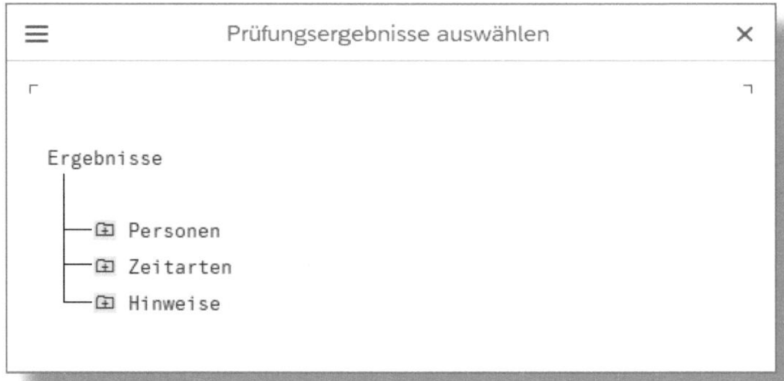

Abbildung 2.74: Prüfungsergebnisse der Arbeitszeit

Mit einem Doppelklick auf PERSONEN, ZEITARTEN oder HINWEISE oder mit einem Klick auf das Icon wählen Sie die Ergebnisse aus, die Sie prüfen möchten. Wollen Sie z. B. alle Zeitarten auswählen, genügt ein Doppelklick auf ZEITARTEN in der Baumstruktur (siehe Abbildung 2.75).

Wenn Sie nun weitere Details der Zeitarten sehen möchten, markieren Sie die entsprechende Zeitart durch einen Doppelklick und drücken der Schaltfläche .

Anschließend werden Ihnen die Zeitartendetails angezeigt, wie hier am Beispiel von Olga Huber, deren vertragliche SOLLZEIT bei *156* Stunden liegt (siehe Abbildung 2.76).

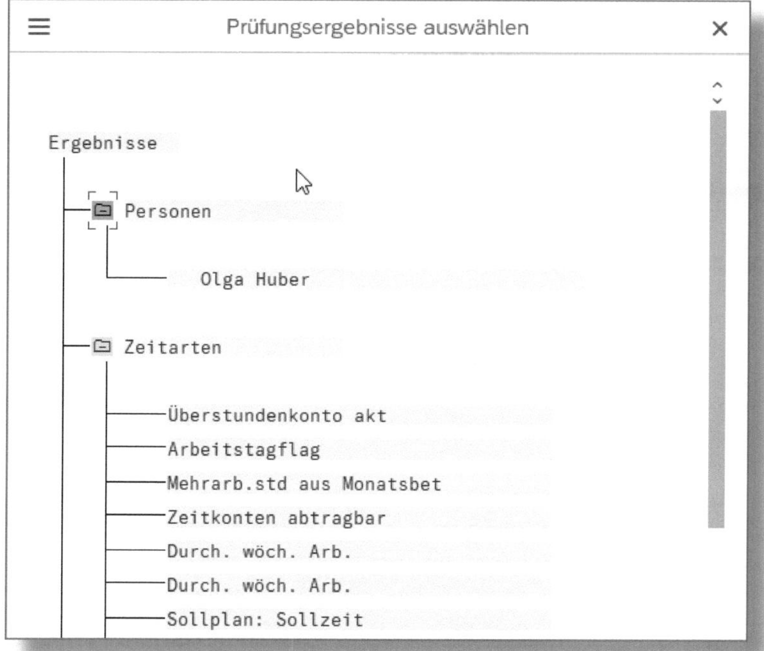

Abbildung 2.75: Prüfungsergebnisse im Detail

Zeitarten		
AZPR:	Sollzeit	156,00

Abbildung 2.76: Zeitartendetails

Über die Option **Neue Selektion** gelangen Sie wieder zur Baumstruktur, um Ihre vorherige Auswahl zu verändern.

Zeitauswertungsergebnisse aktualisieren

Um Fehler in der Zeitauswertung zu vermeiden, können Sie schon vor dem eigentlichen Lauf der Zeitauswertung eine Simulation durchführen. Nutzen Sie hierzu den Button ERGEBNISSE (siehe Abbildung 2.77), oder wählen Sie den Menüpfad BEARBEITEN • ZEITAUSWERTUNGSERGEBNISSE AKTUALISIEREN.

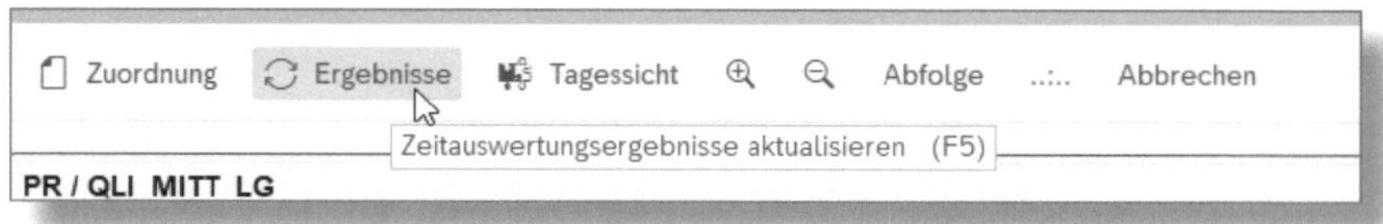

Abbildung 2.77: Zeitauswertungsergebnisse aktualisieren

Anders als bei der Funktion ARBEITSZEIT PRÜFEN sind hier nur die Fehlermeldungen aus der Zeitauswertung sichtbar (siehe Abbildung 2.78), die in den Informationsspalten angezeigten Zeit- und Lohnarten werden aktualisiert.

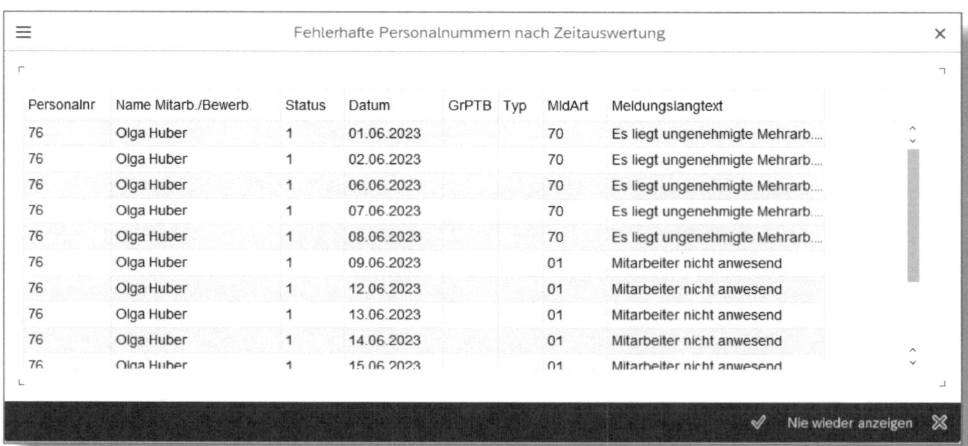

Personalnr	Name Mitarb./Bewerb.	Status	Datum	GrPTB	Typ	MldArt	Meldungslangtext
76	Olga Huber	1	01.06.2023			70	Es liegt ungenehmigte Mehrarb....
76	Olga Huber	1	02.06.2023			70	Es liegt ungenehmigte Mehrarb....
76	Olga Huber	1	06.06.2023			70	Es liegt ungenehmigte Mehrarb....
76	Olga Huber	1	07.06.2023			70	Es liegt ungenehmigte Mehrarb....
76	Olga Huber	1	08.06.2023			70	Es liegt ungenehmigte Mehrarb....
76	Olga Huber	1	09.06.2023			01	Mitarbeiter nicht anwesend
76	Olga Huber	1	12.06.2023			01	Mitarbeiter nicht anwesend
76	Olga Huber	1	13.06.2023			01	Mitarbeiter nicht anwesend
76	Olga Huber	1	14.06.2023			01	Mitarbeiter nicht anwesend
76	Olga Huber	1	15.06.2023			01	Mitarbeiter nicht anwesend

Abbildung 2.78: Zeitauswertungsfehler

Sollplanabschluss

Haben Sie die Planung Ihrer Mitarbeiter vollständig durchgeführt, schließen Sie den Sollplan ab. Nachfolgend arbeiten Sie nur noch im Istplan. Änderungen im Sollplan sind nicht mehr möglich, dieser steht Ihnen nur noch zur Ansicht zur Verfügung, selbst wenn Sie im Einstiegsbild ÄNDERN wählen. Nur in speziellen Fällen können Sie den abgeschlossenen Sollplan zurücknehmen. In vielen Unternehmen wird diese Funktion dem Planer allerdings nicht zur Verfügung gestellt, deshalb gehe ich hier nicht näher darauf ein.

Sie schließen einen Sollplan ab, indem Sie in der Bearbeitung dem Menüpfad SOLLPLAN • ABSCHLIEẞEN folgen oder die Funktionstaste F8 drücken. Sie werden, wie in Abbildung 2.79 dargestellt, über ein Dialogfenster aufgefordert, den Abschluss des Sollplans zu bestätigen, und gelangen wieder in das Einstiegsdialogfenster zur Einsatzplanung.

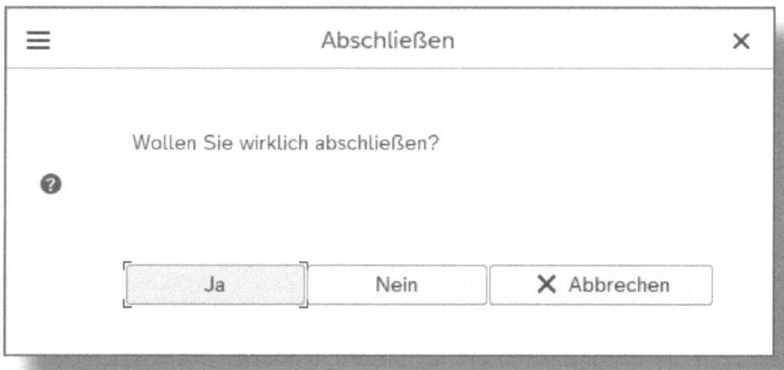

Abbildung 2.79: Bestätigung des Sollplanabschlusses

Istplan

Wie bereits erwähnt, werden nach Abschluss des Sollplans Änderungen nur noch im Istplan durchgeführt. Dabei sehen Sie immer die Abweichungen zwischen Soll- und Istplan. Abbildung 2.80 zeigt pro Mitarbeiter (in diesem Fall bei MANFRED JUNG und und NINA MOHRER) jeweils den Sollplan in Zeile 1 und den Istplan in Zeile 2.

Zeitraum: Juni 2023 / QLI_MITT_VK / QLI_MITT_SV / QLI_MITT_KD / QLI_MITT_PR / QLI_MITT_LG

Name	Produktivstunden	DO 01.06.23	FR 02.06.23	**SA 03.06.23**	**SO 04.06.23**
Manfred Jung		GL	GLB	//	//
		NO	*//*		
		6.00	3.00-		
Nina Mohrer		NO	GLB	//	//
		T	*NA*		
			3.25		

Abbildung 2.80: Istplan

Gibt es keine Änderungen im Istplan, so dominiert der Sollplan, und die Istplanzelle bleibt leer. Es wird Ihnen nicht gelingen, nach abgeschlossenem Sollplan das Kürzel abzuändern. Sollten Sie in den Details des Tages die Einsatzzeit zum Kürzel abändern, sehen Sie ebendieses Kürzel doppelt im Soll und Ist.

2.4 Fazit

In diesem Kapitel habe ich Ihnen die gesamte Bandbreite der Funktionalitäten der SAP-Personaleinsatzplanung in der Anwendung vorgestellt und Ihnen durch mehrere Praxisbeispiele das notwendige Grundwissen zur Personaleinsatzplanung vermittelt sowie einige neue Praxisfelder aufgezeigt.

3 Bedarfe

Im Rahmen einer Personaleinsatzplanung wird es zunehmend wichtiger, mit quantitativen und qualitativen Bedarfen zu arbeiten. Dieses Kapitel verdeutlicht die Funktionalität der Bedarfsplanung in der SAP-Personaleinsatzplanung.

Was bedeutet in unserem Zusammenhang eigentlich Bedarf? Gemeint ist damit die Besetzungsstärke einer Schicht oder einer Tageszeit, die benötigt wird, um den Betrieb, egal, in welcher Branche, vollständig aufrechtzuerhalten. Der Einsatzplaner kann sich anzeigen lassen, welche Personen ihm dabei zur Verfügung stehen und ob die notwendige Besetzungsstärke oder die Aufgabenverteilung erreicht wird.

3.1 Rahmenbedingungen

Wenn Sie in der SAP-Personaleinsatzplanung mit Bedarfen arbeiten wollen, müssen Sie einige Dinge beachten.

Zunächst müssen die Bedarfe, also die Besetzungsstärken für den Planungsbereich, festgelegt werden. In der Regel ist dies nur einmal notwendig. Je anspruchsvoller allerdings Ihre Planung ist, desto umfangreicher ist der Aufwand bei der Festlegung der Bedarfe. Diese werden gemäß dem Wunsch des Planers automatisch festgelegt, eine manuelle Bedarfspflege wird dadurch überflüssig. Allerdings gibt es keinerlei Schnittstellen zu Subsystemen, die diese Arbeit übernehmen. Solche Schnittstellen könnte man zwar programmieren, der SAP-Standard sieht sie jedoch nicht vor.

Sobald die Bedarfe festgelegt sind, beginnt die eigentliche Bedarfsplanung: Für die entsprechenden Besetzungsvorgaben gilt es, die richtigen Mitarbeiter zu finden. Hier bietet SAP mit den sogenannten *Zuordnungsstrategien* einen Automatismus, der die Mitarbeiter entsprechend ihren Tagesarbeitszeiten sowie den korrekten Stellen und Qualifikationen (siehe Abschnitt 3.3) den Bedarfen zuordnet. Der Zuordnungsassistent ist zwar nicht mit einer Künstlichen Intelligenz von heute zu vergleichen – die SAP-Personaleinsatzplanung ist bereits seit über 20 Jahren am Markt –, aber die Rahmenbedingungen sind vorhanden. Die beiden folgenden Abschnitte geben Ihnen das nötige Rüstzeug für Ihre Bedarfsplanung an die Hand.

3.2 Bedarfe bearbeiten

Im SAP-Easy-Access-Menü stehen Ihnen über den Pfad PERSONAL • PERSONALZEITWIRTSCHAFT • EINSATZPLANUNG • BEDARF drei Transaktionen zur Pflege und Anzeige der Bedarfe zur Verfügung:

- *PP67* – Bedarf anlegen
- *PP63* – Bedarf ändern
- *PP62* – Bedarf anzeigen

3.2.1 Bedarf anlegen

Um Bedarfe erstmalig zu pflegen, rufen Sie die Transaktion *PP67* (Bedarf anlegen) auf. Beim erstmaligen Aufruf öffnet sich das Dialogfenster BEDARF ANLEGEN: EINSTIEG. Nach Bestätigung der Eingabe gelangen Sie zum Auswahlbildschirm (siehe Abbildung 3.1).

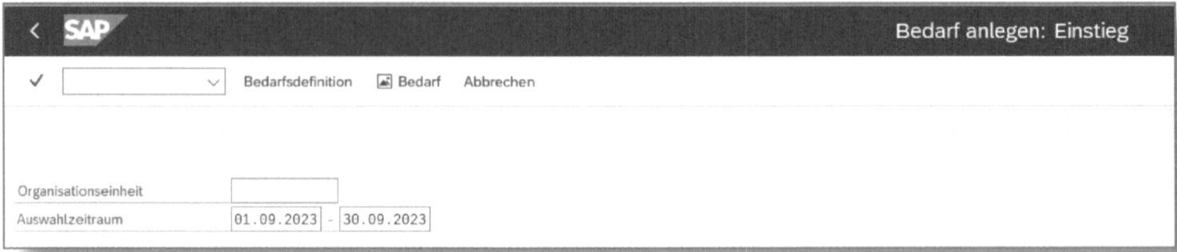

Abbildung 3.1: Bedarf anlegen – Einstieg

Geben Sie die ORGANISATIONSEINHEIT ein, für die der Bedarf definiert werden soll, und legen Sie den AUSWAHLZEITRAUM für Gültigkeitsbeginn und Gültigkeitsende des Bedarfs fest. Bei Aufruf wird Ihnen als

Auswahlzeitraum immer der aktuelle Monat angezeigt. Klicken Sie anschließend auf den Button BEDARFSDEFINITION; so gelangen Sie in das Dialogfenster BEDARF ANLEGEN: BEDARFSDEFINITION (siehe Abbildung 3.2).

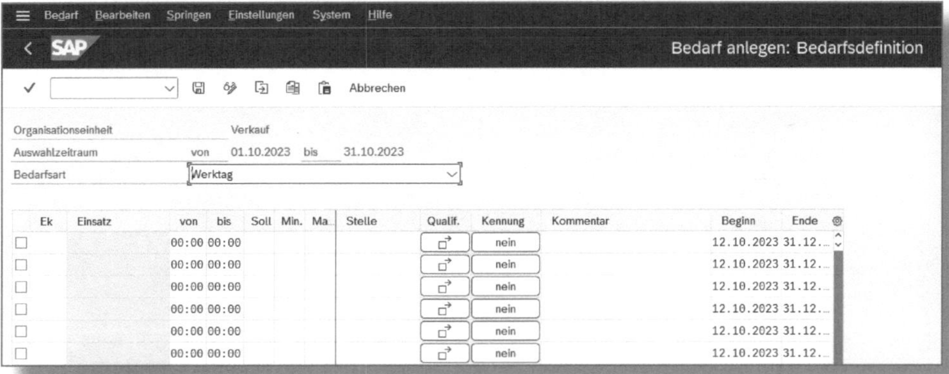

Abbildung 3.2: Dialogfenster »Bedarf anlegen: Bedarfsdefinition«

Beginndatum anpassen

Beim Ersteinstieg in die Bedarfsdefinition wird Ihnen immer das aktuelle Tagesdatum als BEGINN angezeigt, auch wenn Sie im Fenster von Abbildung 3.1 ein komplett anderes Datum eingegeben haben. Über den Menüpfad EINSTELLUNGEN • OPTIONEN sollten Sie das Default-Beginndatum auf den Monatsersten oder auf *Auswahlzeitraum-Beginn* setzen.

Wählen Sie zuerst die BEDARFSART aus, für die Sie Bedarfe pflegen möchten. Die Bedarfsarten unterscheiden Typen von Kalendertagen. Dies können Werktage, Wochenenden, einzelne Wochentage oder spezielle Tage sein. In unserem Beispiel wollen wir für die Werktage unserer Organisationseinheit einen Bedarf definieren. Hierzu wählen wir die BEDARFSART *Werktag* (siehe Abbildung 3.2) aus. Um den Bedarf für eine bestimmte Arbeitszeit zu pflegen, geben Sie das entsprechende, pro Organisationseinheit festgelegte Einsatzkürzel im Feld EK ein. Hinter dem Einsatzkürzel verbirgt sich eine Schicht oder eine Bereitschaft.

Die Eingabe der Uhrzeit VON und BIS erübrigt sich in diesem Fall, da dieser Wert automatisch aus dem Tagesarbeitszeitplan übernommen wird.

Legen Sie anschließend in der Spalte SOLL die Anzahl der benötigten Mitarbeiter fest. Die Angabe eines Minimal- oder Maximalbedarfs (MIN., MA...) ist nicht zwingend erforderlich, kann aber nützlich sein, da Sie durch die differenzierte Farbgebung sofort sehen, wo Sie Über- oder Unterdeckungen haben sowie komplett ungedeckte oder gedeckte Bedarfe (siehe Abbildung 3.3).

MO 09.10.	DI 10.10.	MI 11.10.	DO 12.10.	FR 13.10.
2	2	2	2	2
3	1	0	1	0
1	1	1	1	1
0	0	1	1	1
2	2	2	2	2
0	0	1	0	1

Abbildung 3.3: Farben der Bedarfsplanung

Die Bedarfsfarbgebung im SAP-Standard sieht folgende Farbgebung vor:

- rote Farbe bei Unterschreiten von Minimum und Soll sowie bei Überschreiten des Maximums
- gelbe Farbe bei Überschreiten des Solls sowie bei exaktem Erreichen von Minimal- oder Maximalwert
- grüne Farbe bei exaktem Erreichen des Solls
- blaue Farbe bei exakter Minimalbesetzung

Stellen zum Bedarf festlegen

Nun müssen Sie die Entscheidung treffen, ob Sie den Bedarf quantitativ oder qualitativ festlegen wollen. Wenn es lediglich darum geht, die Mitarbeiter zu zählen, reicht die in Abbildung 3.2 sichtbare Einstellung. Möchten Sie jedoch den Bedarf nach Stellen oder Qualifikationen festlegen, müssen Sie weitere Daten eingeben. Damit das möglich ist, muss im Einführungsprojekt der Personaleinsatzplanung für Ihr Unternehmen festgelegt worden sein, ob Stellen und/oder Qualifikationen zur Verfügung stehen. Aus heutiger Sicht wird es immer wichtiger, entsprechende Eignungen, Schichten oder Zeiträume zu besetzen. In unserem Beispiel arbeite ich mit Stellendefinitionen, um zu verdeutlichen, was unter qualitativen Bedarfen zu verstehen ist.

Wir benötigen in unserem organisatorischen Bereich QLI_MITT_VK im Rahmen unserer Schichten die in Tabelle 3.1 aufgeführten Stellenbesetzungen.

Einsatz-kürzel	Soll	Minimal-bedarf	Maximal-bedarf	Stelle
FR (FRÜH)	1	1	1	Vertriebsleitung
FR (FRÜH)	2	1	3	Vertriebsmitarbeiter
FR (FRÜH)	1	1	1	Assistenz
SP (SPÄT)	1	1	1	Vertriebsleitung
SP (SPÄT)	2	1	3	Vertriebsmitarbeiter

Tabelle 3.1: Bedarfsdefinitionen verschiedener Einsatzkürzel und Stellen

In Abbildung 3.4 sind die Daten aus der Tabelle in SAP erfasst.

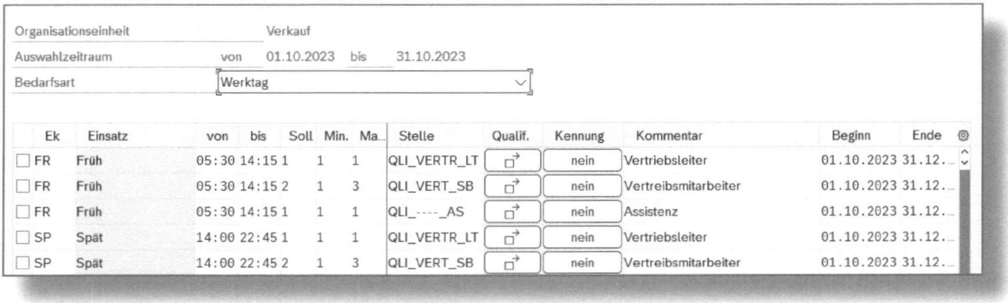

Organisationseinheit Verkauf
Auswahlzeitraum von 01.10.2023 bis 31.10.2023
Bedarfsart Werktag

Ek	Einsatz	von	bis	Soll	Min.	Ma...	Stelle	Qualif.	Kennung	Kommentar	Beginn	Ende
FR	Früh	05:30	14:15	1	1	1	QLI_VERTR_LT		nein	Vertriebsleiter	01.10.2023	31.12....
FR	Früh	05:30	14:15	2	1	3	QLI_VERT_SB		nein	Vertreibsmitarbeiter	01.10.2023	31.12....
FR	Früh	05:30	14:15	1	1	1	QLI_----_AS		nein	Assistenz	01.10.2023	31.12....
SP	Spät	14:00	22:45	1	1	1	QLI_VERTR_LT		nein	Vertriebsleiter	01.10.2023	31.12....
SP	Spät	14:00	22:45	2	1	3	QLI_VERT_SB		nein	Vertreibsmitarbeiter	01.10.2023	31.12....

Abbildung 3.4: Bedarfsdefinition

In der ersten Zeile ist der Bedarf hinsichtlich eines *Vertriebsleiters* in der Frühschicht erfasst. Die Zeiten VON und BIS hat das System aus dem Tagesarbeitszeitplan gezogen, der hinter dem Einsatzkürzel abgelegt ist. Über die Eintragung in der Spalte STELLE haben wir definiert, dass für diesen Bedarf ein Mitarbeiter erforderlich ist, der laut organisatorischer Zuordnung eine Stelle als Vertriebsleiter besetzt. In der Spalte SOLL ist die Sollanzahl für diesen Bedarf hinterlegt. Die Spalten für den minimalen und maximalen Bedarf haben wir ebenfalls gepflegt, um eine Farbdifferenzierung nach Bedarfsdeckung zu erreichen.

Weitere Einstiegsoptionen

Wenn Sie unter dem Menüpfad EINSTELLUNGEN • OPTIONEN die Auswahl NUR STELLEN DES EINSTIEGSOBJEKTES ANZEIGEN treffen, sehen Sie bei der Stellenauswahl mit der Wertehilfe anstatt aller Stellen, die in Ihrem Unternehmen existieren, nur diejenigen, die dem organisatorischen Bereich zugewiesen sind – eine erhebliche Arbeitserleichterung.

Qualifikationen zum Bedarf festlegen

Um auf Qualifikationen zum Bedarf zurückgreifen zu können, benötigen Sie die SAP-Komponente Personalentwicklung mit einem gepflegten Qualifikationskatalog. Dann können Sie die benötigten Qualifikationen bei der automatischen Suche nach geeigneten Mitarbeitern mit deren in den Stammdaten abgelegten Qualifikationen abgleichen.

Zum Pflegen der Qualifikation klicken Sie in der jeweiligen Bedarfszeile auf den Button [ ]. Es öffnet sich das Dialogfenster BEDARF ÄNDERN: DETAILS (siehe Abbildung 3.5).

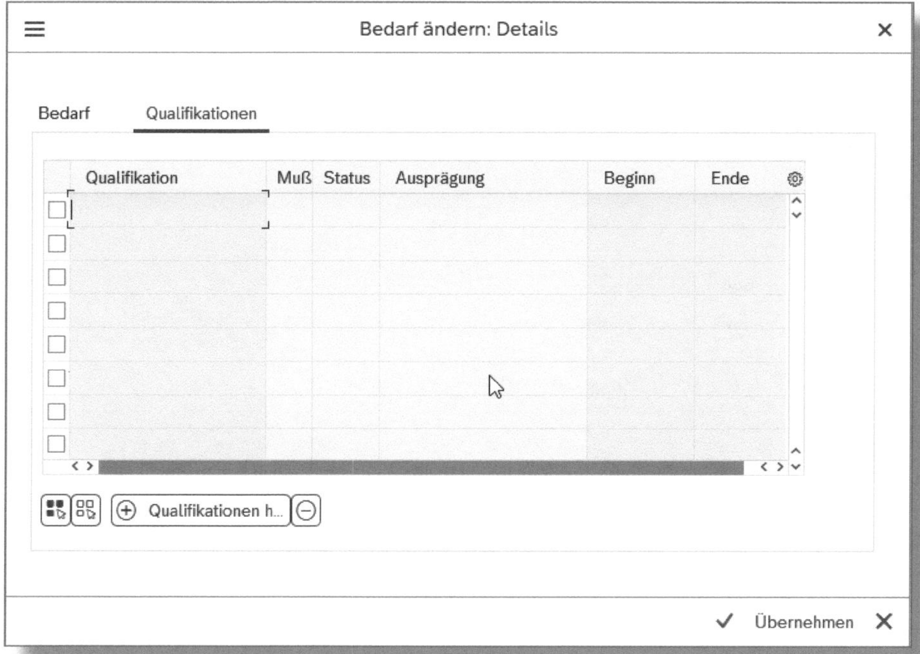

Abbildung 3.5: Qualifikation zum Bedarf

Sie können nun über den Button [⊕ Qualifikationen h...] eine neue Qualifikationsanforderung anlegen.

Die Abbildung 3.6 zeigt Ihnen die Suchoption für eine zu vergebende Qualifikation. Empfehlenswert ist, den Reiter STRUKTURSUCHE zu nutzen, da Ihnen hier der gesamte Qualifikationskatalog des SAP-Systems angezeigt wird, aus dem Sie die entsprechende Qualifikation auswählen können.

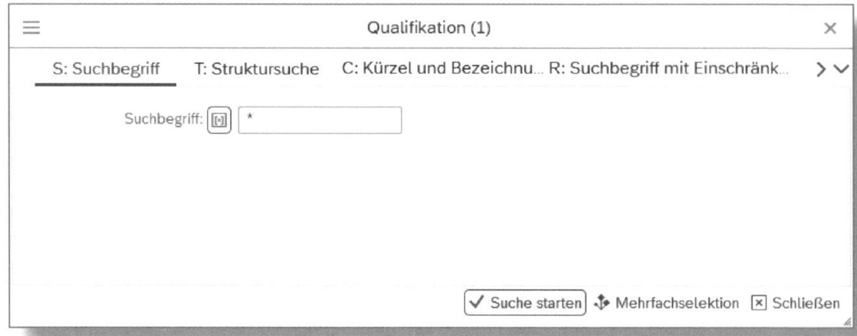

Abbildung 3.6: Qualifikationsauswahl

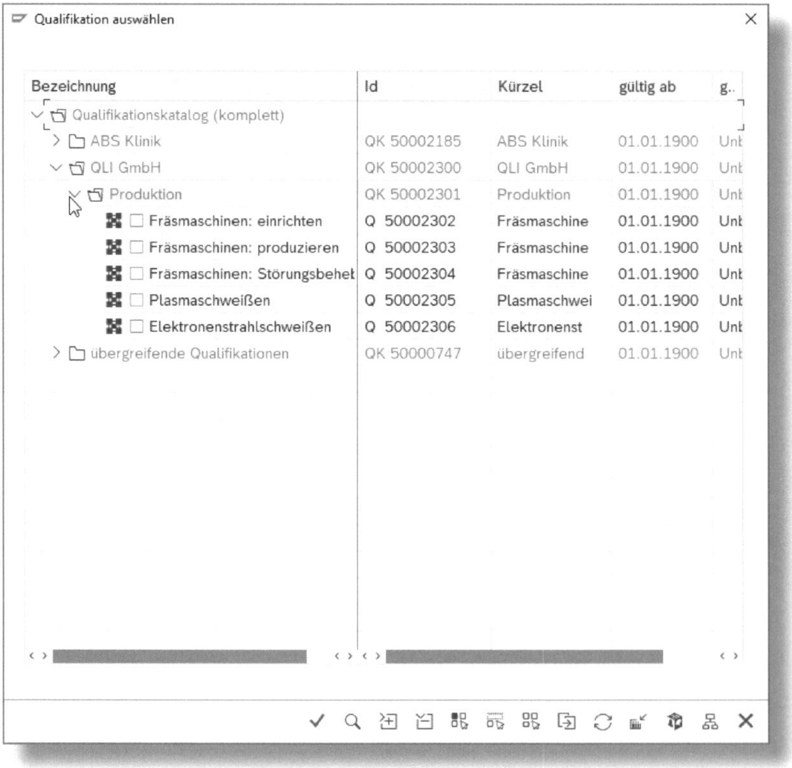

Qualifikation auswählen

Bezeichnung	Id	Kürzel	gültig ab	g..
Qualifikationskatalog (komplett)				
ABS Klinik	QK 50002185	ABS Klinik	01.01.1900	Unt
QLI GmbH	QK 50002300	QLI GmbH	01.01.1900	Unt
Produktion	QK 50002301	Produktion	01.01.1900	Unt
Fräsmaschinen: einrichten	Q 50002302	Fräsmaschine	01.01.1900	Unt
Fräsmaschinen: produzieren	Q 50002303	Fräsmaschine	01.01.1900	Unt
Fräsmaschinen: Störungsbehet	Q 50002304	Fräsmaschine	01.01.1900	Unt
Plasmaschweißen	Q 50002305	Plasmaschwei	01.01.1900	Unt
Elektronenstrahlschweißen	Q 50002306	Elektronenst	01.01.1900	Unt
übergreifende Qualifikationen	QK 50000747	übergreifend	01.01.1900	Unt

Abbildung 3.7: Qualifikationskatalog – Anzeige

Der sich nun öffnende Qualifikationskatalog zeigt Ihnen die im SAP-System angelegten Qualifikationen an (siehe Abbildung 3.7), aus denen Sie die gewünschte auswählen. Da wir uns in der QLI GmbH befinden, entscheiden wir uns hier als Beispiel für die QUALIFIKATION *Plasmaschweißen* (siehe Abbildung 3.8).

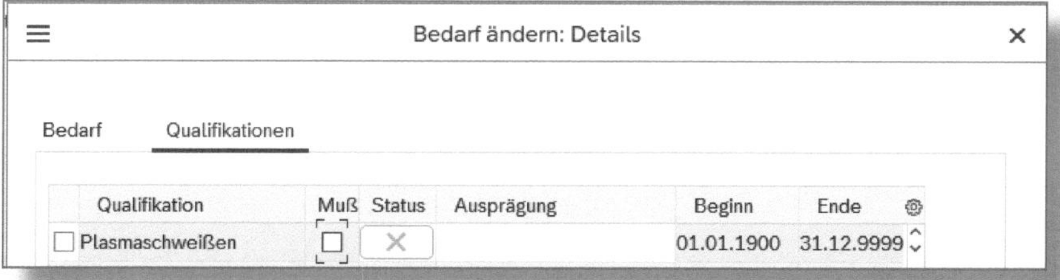

Abbildung 3.8: Ausgewählte Qualifikation zum Bedarf

Das Feld MUSS ermöglicht Ihnen, die notwendige Qualifikation für diesen Bedarf als eine Muss-Anforderung zu deklarieren. Ebenso können Sie hier mit Ausprägungen zum Bedarf arbeiten. Eine AUSPRÄGUNG kann eine prozentuale Angabe sein oder aber auch ein Bewertungskriterium (z. B. sehr gut, gut, ausreichend, siehe Abbildung 3.9).

Abbildung 3.9: Ausprägungen zum Bedarf

Für unser Beispiel arbeiten wir ohne Muss-Qualifikationen oder Ausprägungen. Die SAP-Personaleinsatzplanung hält diese Funktionen jedoch vor, und in der Praxis ist nicht jeder Mitarbeiter mit der Qualifikation PLASMASCHWEISSEN in der Lage, diese Aufgabe in der gleichen Qualität wie etwa ein anderer Kollege durchzuführen. Deshalb gibt es in manchen Unternehmen solche Anforderungen.

Kennung zum Bedarf

Um Mitarbeiter, die bereits einem Bedarf zugeordnet sind, einem weiteren zuweisen zu können, klicken Sie in der entsprechenden Bedarfszeile auf den Button nein in der Spalte KENNUNG. Die Anzeige wechselt dann von NEIN auf JA. Mitarbeiter, die jetzt in der Einsatzpflege diesem Bedarf zugeordnet sind, können dann noch für einen anderen Bedarf geplant werden. Aus planerischer Sicht kann das eine Schichtleitung sein oder eine sonstige Funktion, die ein Mitarbeiter neben seiner eigentlichen Tätigkeit im Rahmen seiner Schicht besetzt.

Zuordnung eines Mitarbeiters zu einem weiteren Bedarf

In einer Klinik ist in jedem OP-Saal ein Narkosearzt verplant, aber einer dieser Ärzte hat gleichzeitig die Oberaufsicht für den ganzen Flur. Er deckt den Bedarf »OP-Saal 5« und zusätzlich den Bedarf »Oberaufsicht«.

Erweiterten Bedarfssatz anlegen

Bedarfe müssen nicht unbedingt mit Einsatzkürzeln versehen sein. Uhrzeitintervalle sind dabei eine Alternative. In einigen Planungsbereichen kommt es gar nicht darauf an, wie viele Mitarbeiter mit den verschiedenen Einsatzkürzeln einer Frühschicht zugeordnet sind, den Planer interessiert vielmehr, wie viele Mitarbeiter in dem Zeitraum 08:00 Uhr bis 12:00 Uhr anwesend sind. Diese können Sie u. a. mit dem *erweiterten Bedarfssatz* abbilden. Um diesen anzulegen, markieren Sie die Bedarfszeile, klicken auf den Button der in Abbildung 3.10 dargestellten DETAILS DES BEDARFSSATZES oder wählen die Bedarfszeile mit einem Doppelklick aus.

Abbildung 3.10: Aufruf der Bedarfsdetails

Geben Sie in den Feldern VON und BIS die Beginn- und Endzeiten der Teilbedarfe des Bedarfssatzes an, und pflegen Sie die Felder SOLL, Minimum (MIN.) und Maximum (MA...).

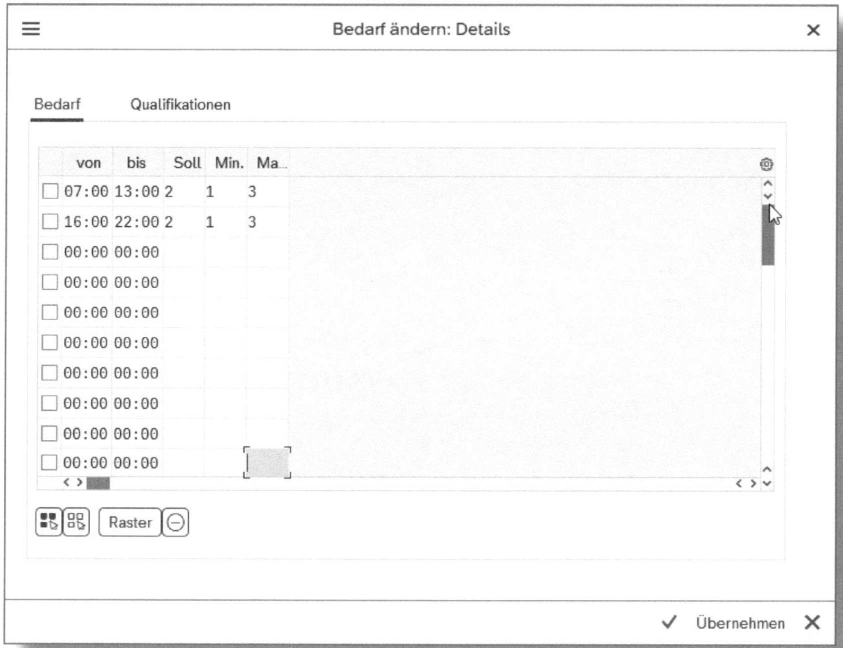

Abbildung 3.11: Pflege von Details zum Bedarf

In Abbildung 3.11 sind zwei Intervalle gepflegt. Im ersten Zeitintervall werden im SOLL zwei Mitarbeiter benötigt und im zweiten ebenso. Die Zeitintervalle dürfen sich nicht überschneiden. Wählen Sie nun ÜBERNEHMEN, und der Bedarfssatz, für den die Details angelegt wurden, erscheint ohne Einsatzkürzel grau hinterlegt (siehe Abbildung 3.12).

Abbildung 3.12: Erweiterter Bedarfssatz

Falls Sie an dieser Stelle identische Uhrzeitintervalle eingegeben haben, erhalten Sie eine Fehlermeldung (siehe Abbildung 3.13).

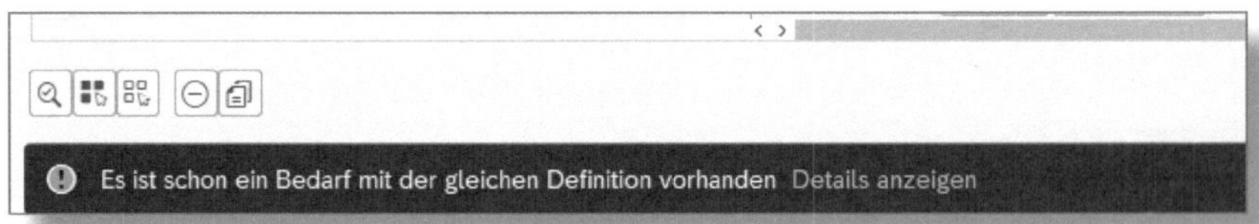

Abbildung 3.13: Überschneidung eines Uhrzeitintervalls

Uhrzeitbedarfe anlegen

Analog zum erweiterten Bedarfssatz können Sie die Uhrzeiten auch direkt in der Bedarfspflege erfassen. Das Ergebnis bleibt das gleiche. Tragen Sie hier direkt die Uhrzeit ein, und lassen Sie das Feld Ek leer. Diese Art von Bedarf wird auch Uhrzeitbedarf genannt und genutzt, wenn der Bedarfssatz keinem gültigen Einsatzkürzel (Tagesarbeitszeitplan) zugeordnet ist (siehe Abbildung 3.14).

Abbildung 3.14: Uhrzeitbedarf

Ein Uhrzeitbedarf wird z. B. festgelegt, wenn einer Organisationseinheit mehrere Frühschichten mit unterschiedlichen Beginnzeiten zugeordnet sind, der Planer aber nur wissen möchte, ob im Zeitraum 09:00 Uhr bis 09:15 Uhr 4 Mitarbeiter geplant sind. Oder aber wenn die Mitarbeiter in einer Schicht unterschiedliche Zeitrahmen besetzen müssen. Durch eine Eingabe in der Spalte KOMMENTAR kann dies noch spezifiziert werden, z. B. als Beladen von 07:00 bis 10:00 Uhr bzw. Entladen von 10:00 bis 13:00 Uhr.

Spezieller Tagesbedarf und Leerbedarf

Mit dem sogenannten *Speziellen Tagesbedarf* können Sie alle Bedarfe für einen bestimmten Zeitraum durch einen anderen Bedarf überlagern. Für unser Beispiel habe ich an Werktagen unterschiedliche Bedarfssätze hinterlegt. Am 13. Oktober soll aber aufgrund einer Veranstaltung ein minimierter Bedarf bestehen. Hierfür legen wir einen differierenden Bedarfssatz für die BEDARFSART *Spezieller Tagesbedarf* am *13.10.2023* an. Dadurch müssen wir den Bedarf am Werktag dieses Datums nicht abgrenzen, und für diesen Tag wird im Sollplan der eingetragene Bedarf angezeigt (siehe Abbildung 3.15).

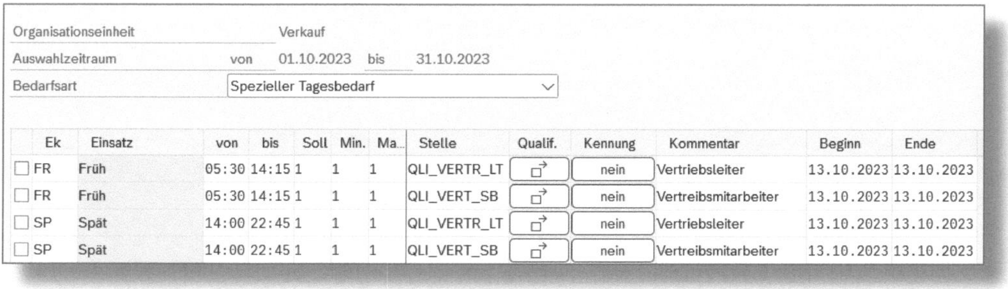

Organisationseinheit Verkauf
Auswahlzeitraum von 01.10.2023 bis 31.10.2023
Bedarfsart Spezieller Tagesbedarf

Ek	Einsatz	von	bis	Soll	Min.	Ma...	Stelle	Qualif.	Kennung	Kommentar	Beginn	Ende
FR	Früh	05:30	14:15	1	1	1	QLI_VERTR_LT		nein	Vertriebsleiter	13.10.2023	13.10.2023
FR	Früh	05:30	14:15	1	1	1	QLI_VERT_SB		nein	Vertreibsmitarbeiter	13.10.2023	13.10.2023
SP	Spät	14:00	22:45	1	1	1	QLI_VERTR_LT		nein	Vertriebsleiter	13.10.2023	13.10.2023
SP	Spät	14:00	22:45	1	1	1	QLI_VERT_SB		nein	Vertreibsmitarbeiter	13.10.2023	13.10.2023

Abbildung 3.15: Spezieller Tagesbedarf

Sollte der spezielle Tag vollständig unbeplant sein, können Sie einen *Leerbedarf* eintragen. In der Praxis kann das z. B. ein Tag mit Stillstand aller Maschinen wegen eines Wartungsintervalls sein oder aber ein bestimmter Brauchtumstag, wie etwa Karneval, an dem grundsätzlich nicht gearbeitet wird. Wählen Sie den Menüpfad BEARBEITEN • EINFÜGEN • LEERER BEDARF. In der Folge sehen die das Dialogfenster BEDARF

ÄNDERN: BEDARF DEAKTIVIEREN (siehe Abbildung 3.16). Erfassen Sie im Feld KOMMENTAR einen beliebigen Text als Kommentar zum Bedarfssatz, geben Sie dann im entsprechenden Feld das GÜLTIGKEITSINTERVALL des Bedarfssatzes an, und klicken Sie anschließend auf ÜBERNEHMEN.

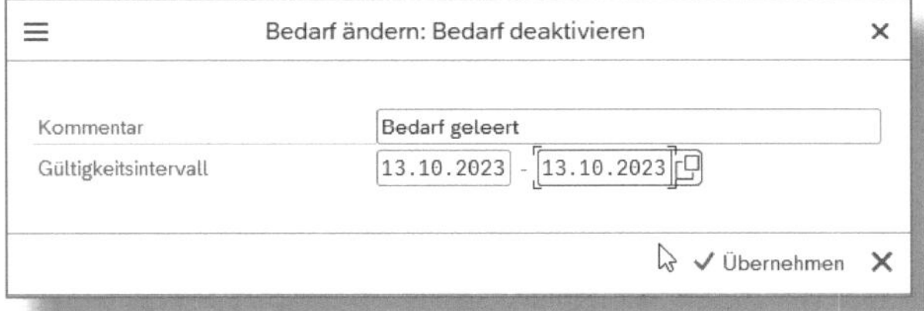

Abbildung 3.16: Leerbedarf anlegen

In der Bedarfsübersicht sehen Sie diese Zeile nun grau (siehe Abbildung 3.17). Die Zelle KOMMENTAR übernimmt den Text, den Sie zuvor erfasst haben. Optional können Sie diesen aber noch abändern.

Abbildung 3.17: Leerer Bedarf

Sonstige Einstellungen und Funktionen in der Bedarfspflege

Im Folgenden beschreibe ich einige Einstellungen und Funktionen, die Sie bei der Pflege von Bedarfen unterstützen sollen.

Bedarfe kopieren

Sie können Bedarfe entweder innerhalb der aktuellen Bedarfsart oder aber in eine andere Bedarfsart kopieren.

Im ersten Fall markieren Sie die zu kopierende Bedarfszeile ❶ und klicken auf den Button (Bedarfssatz kopieren) im oberen Bereich des Pflegebildschirms ❷. Der Bedarfssatz befindet sich nun im Zwischenspeicher und kann entweder am selben Tag oder – nach einem Wechsel der BEDARFSART ❸ – mit dem Clipboard ❹ auf eine andere Bedarfsart kopiert werden (siehe Abbildung 3.18).

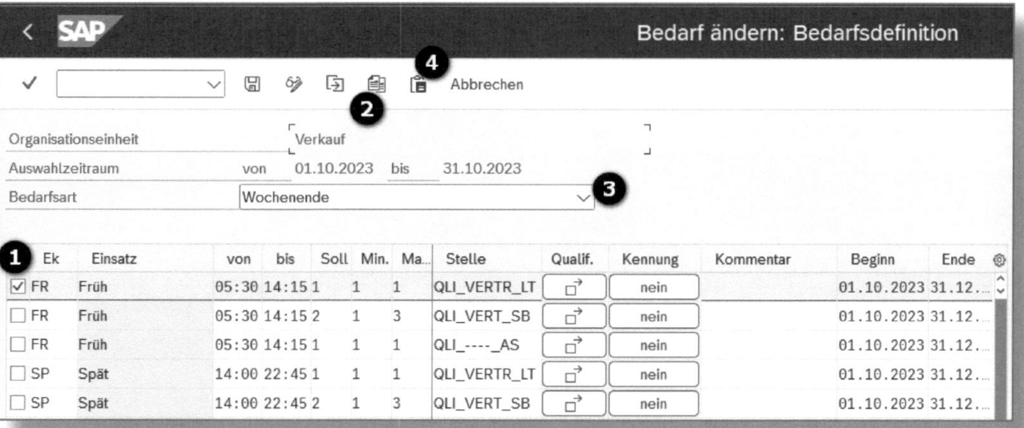

Abbildung 3.18: Bedarf kopieren und einsetzen

Wechsel des Einstiegsobjekts

Um in die Pflege von Bedarfen für eine andere Organisationseinheit zu wechseln, müssen Sie den Pflegebildschirm nicht verlassen. Sichern Sie Ihre Eingaben, und wählen Sie im Menüpfad EINSTELLUNGEN • BEDARFSVERURSACHER aus der Wertehilfe den Objekttyp ORGANISATIONSEINHEIT aus (siehe Abbildung 3.19). Geben Sie hier im Selektionsfenster BEDARF ANLEGEN: ANDERES EINSTIEGSOBJEKT die zu pflegende ORGANISATIONSEINHEIT und eventuell einen anderen Auswahlzeitraum ein (siehe Abbildung 3.20).

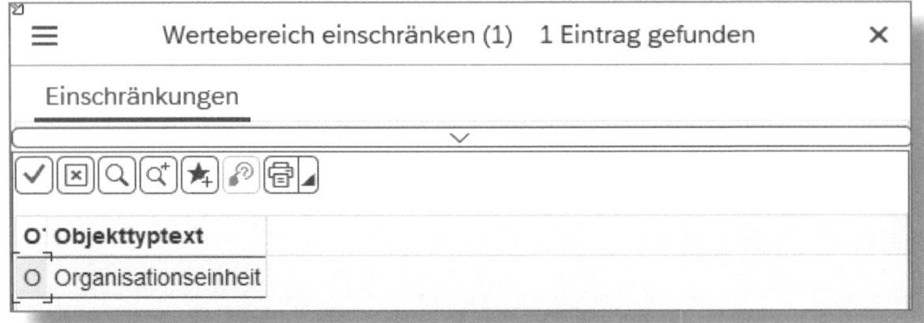

Abbildung 3.19: Wertehilfe »Organisationseinheit«

Abbildung 3.20: Bedarf anlegen – anderes Einstiegsobjekt

Abschließend klicken Sie auf ÜBERNEHMEN bzw. ✓.

Bedarfsanzeige

Diese Funktionalität ermöglicht eine komplette kalendarische Übersicht der angelegten Bedarfe – und zwar nicht nur eine Anzeige, Sie können außerdem von hier direkt in die Bedarfspflege abspringen und Ihre Bedarfssätze (erneut) ändern. Der Vorteil dieser Sicht ist die tagesübergreifende Darstellung mit der zusätzlichen Option, Anpassungen vorzunehmen.

Im Einstiegsbildschirm der Bedarfspflege wählen Sie BEDARF • ANZEIGEN (Abbildung 3.21) oder klicken auf den Button Bedarf.

In Abbildung 3.22 sehen Sie die Bedarfsübersicht der ORGANISATIONSEINHEIT *Verkauf*. Neben dem Wochentag und dem Datum ist die für diesen Tag gültige Bedarfsart dargestellt, sofern vor dem Datum das Pluszeichen-Icon (⊞) steht.

Bedarf
Bearbeiten
Springen
Anlegen
Ändern
Anzeigen
Sichern
Anzeigen<->Ändern
Beenden (Umsch+F3)

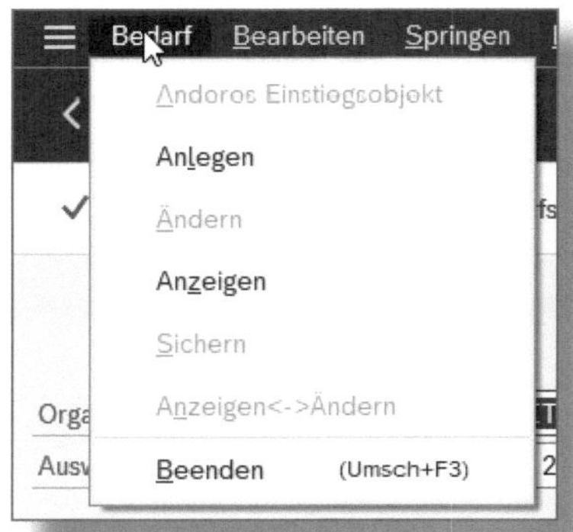

Abbildung 3.21: Menü zur Bedarfsanzeige

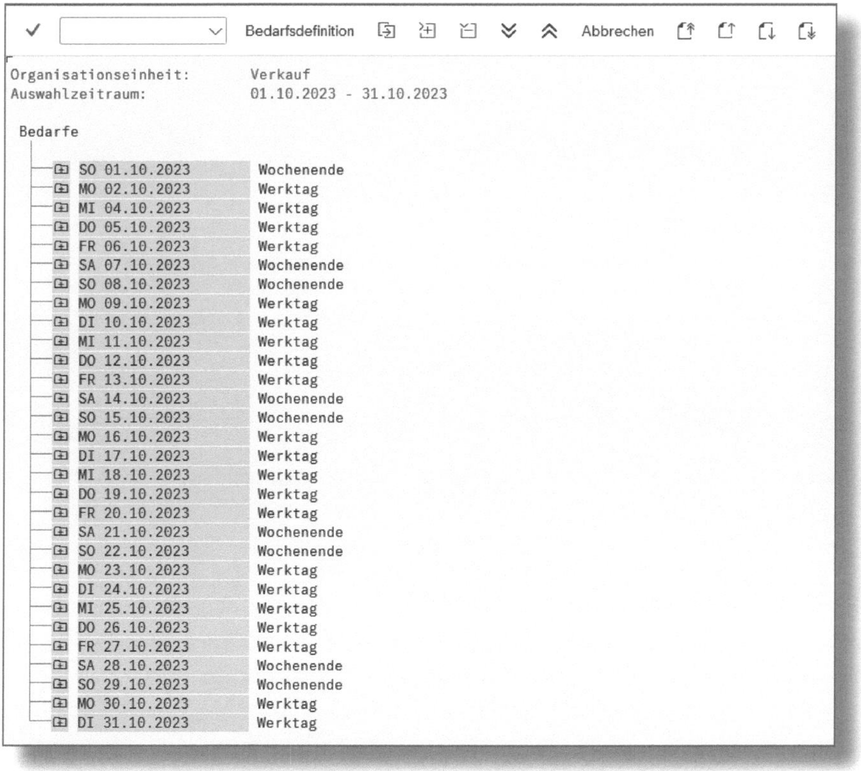

Bedarfsdefinition
Abbrechen
Organisationseinheit: Verkauf
Auswahlzeitraum: 01.10.2023 - 31.10.2023
Bedarfe
SO 01.10.2023 Wochenende
MO 02.10.2023 Werktag
MI 04.10.2023 Werktag
DO 05.10.2023 Werktag
FR 06.10.2023 Werktag
SA 07.10.2023 Wochenende
SO 08.10.2023 Wochenende
MO 09.10.2023 Werktag
DI 10.10.2023 Werktag
MI 11.10.2023 Werktag
DO 12.10.2023 Werktag
FR 13.10.2023 Werktag
SA 14.10.2023 Wochenende
SO 15.10.2023 Wochenende
MO 16.10.2023 Werktag
DI 17.10.2023 Werktag
MI 18.10.2023 Werktag
DO 19.10.2023 Werktag
FR 20.10.2023 Werktag
SA 21.10.2023 Wochenende
SO 22.10.2023 Wochenende
MO 23.10.2023 Werktag
DI 24.10.2023 Werktag
MI 25.10.2023 Werktag
DO 26.10.2023 Werktag
FR 27.10.2023 Werktag
SA 28.10.2023 Wochenende
SO 29.10.2023 Wochenende
MO 30.10.2023 Werktag
DI 31.10.2023 Werktag

Abbildung 3.22: Bedarfsübersicht

Über dieses können Sie den Tag expandieren (aufklappen), sodass Sie alle für diesen Tag angelegten Bedarfe sehen (siehe Abbildung 3.23).

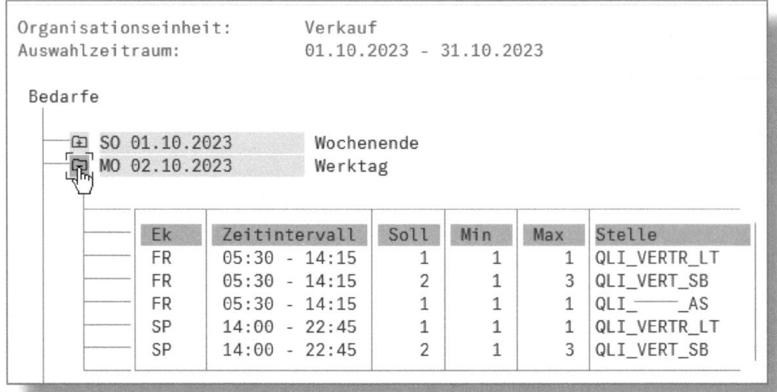

Abbildung 3.23: Expandierte Bedarfsübersicht

Um in die Bedarfspflege zu wechseln, wählen Sie per Doppelklick die Zeile des Kalendertags aus, für den Sie die Bedarfsart pflegen möchten (siehe Abbildung 3.22). Mit dem Button (Anderes Einstiegsobjekt) können Sie sich dort direkt die Bedarfe einer anderen Organisationseinheit anzeigen lassen.

3.2.2 Bedarfe ändern

Mit der Transaktion *PP63* (Bedarfe ändern) können Sie die angelegten Bedarfe ändern und, obwohl die Transaktionsdefinition etwas anderes sagt, auch neue Bedarfe anlegen. Dies kann notwendig sein, wenn sich die benötigte Anzahl an Mitarbeitern für einen Bedarf verändert, er nicht mehr benötigt wird oder wenn Sie einen Bedarf komplett löschen möchten. Sie sollten Änderungen aber nur für solche Zeiträume durchführen, für die noch keine Mitarbeiterzuordnung vorliegt. Für eine Änderung müssen Sie den alten Bedarfssatz durch die Eingabe eines Enddatums abgrenzen und anschließend für den neuen Satz ein entsprechendes Startdatum anlegen.

Um einen Bedarfssatz zu löschen, markieren Sie diejenige Bedarfszeile, die Sie löschen möchten, und verwenden den Button ⊖ (Bedarfssatz löschen), wie in Abbildung 3.24 zu sehen. Andernfalls können Sie hier dieselben Funktionen wie in der Transaktion zum Anlegen von Bedarfen nutzen (siehe Abschnitt 3.2.1).

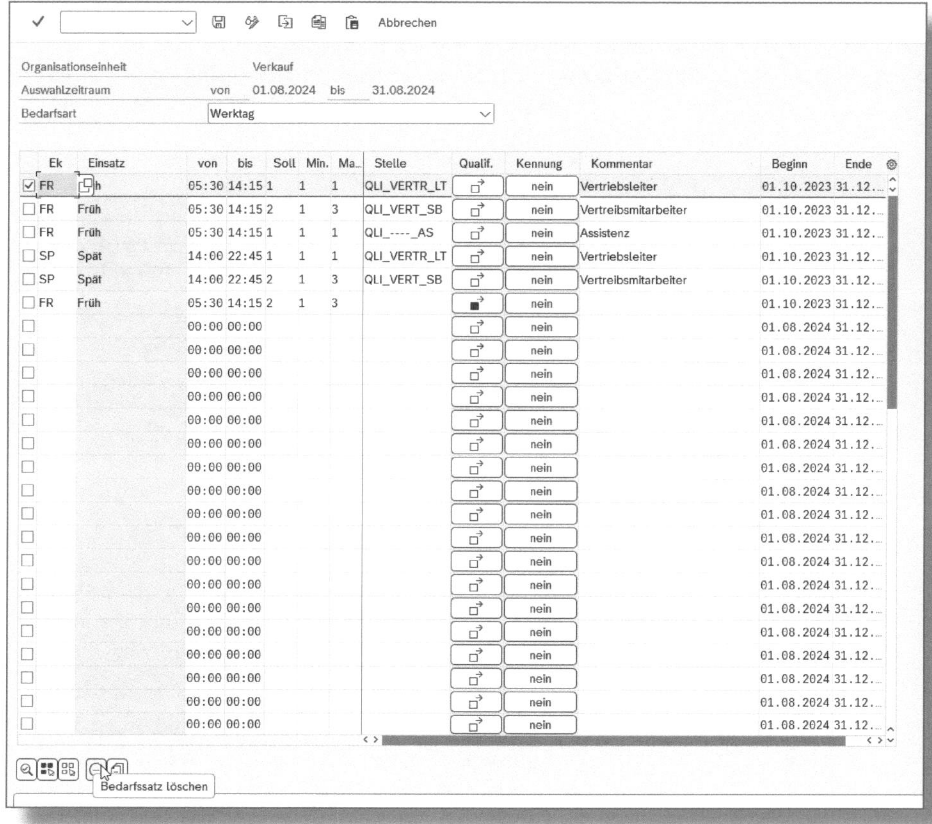

Abbildung 3.24: Bedarfszeile löschen

3.2.3 Bedarfe anzeigen

Die Transaktion *PP62* (Bedarfe anzeigen) sollten Sie dann verwenden, wenn Sie die Bedarfe nicht ändern wollen, aber Informationen zu diesen benötigen. In diesem Fall sperren Sie nicht die Pflege der Bedarfe für diese Organisationseinheit durch andere Mitarbeiter.

3.3 Bedarfszuordnung in der Personaleinsatzplanung

Die Bedarfszuordnung werden Mitarbeiter einem quantitativen oder qualitativen Bedarf zugewiesen. Nachdem alle notwendigen Bedarfe angelegt wurden, können Sie diese Funktionalität in der SAP-Personaleinsatzplanung vollständig nutzen.

Die Bedarfszuordnung kann automatisch mit einer festgelegten Strategie erfolgen, und zwar manuell per Drag-and-drop oder mithilfe des Zuordnungsassistenten. Für den Einsatzplaner wird die Bedarfsdeckung je nach Voreinstellung in unterschiedlichen Farben dargestellt, sodass bereits auf diesem Wege wichtige Erkenntnisse auf den ersten Blick vermittelt werden.

3.3.1 Aufbau des Bedarfsabgleichs

Ihre Voreinstellungen aus Abschnitt 3.2.1 zeigen sich beim ersten Aufruf der SAP-Personaleinsatzplanung (Transaktion *PP61*) zunächst einmal nicht. Aber keine Sorge, das passiert in der Regel wirklich nur ein einziges Mal. Sie sehen die Bedarfsanzeige erst, nachdem Sie die vier kleinen Punkte am unteren Bildrand aus Abbildung 3.25 nach oben gezogen haben. Wenn Sie mit der Maus über die vier Punkte fahren, sehen Sie, dass sich der Mauszeiger in das Symbol ≑ verwandelt.

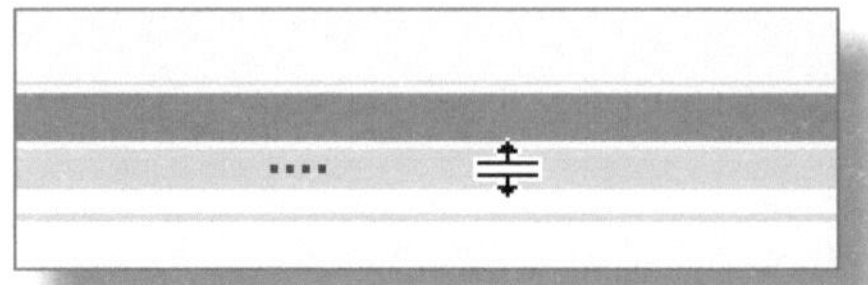

Abbildung 3.25: Verdeckte Bedarfsanzeige

Bei gedrückter linker Maustaste öffnet sich die zuvor eingestellte Bedarfsanzeige (siehe Abbildung 3.26).

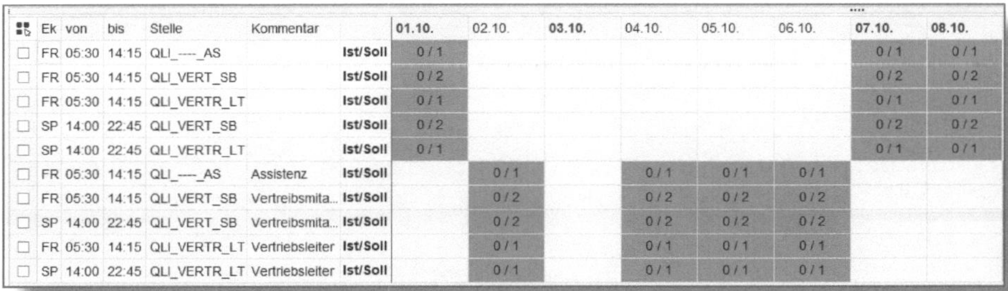

Ek	von	bis	Stelle	Kommentar		01.10.	02.10.	03.10.	04.10.	05.10.	06.10.	07.10.	08.10.
FR	05:30	14:15	QLI_----_AS		Ist/Soll	0 / 1						0 / 1	0 / 1
FR	05:30	14:15	QLI_VERT_SB		Ist/Soll	0 / 2						0 / 2	0 / 2
FR	05:30	14:15	QLI_VERTR_LT		Ist/Soll	0 / 1						0 / 1	0 / 1
SP	14:00	22:45	QLI_VERT_SB		Ist/Soll	0 / 2						0 / 2	0 / 2
SP	14:00	22:45	QLI_VERTR_LT		Ist/Soll	0 / 1						0 / 1	0 / 1
FR	05:30	14:15	QLI_----_AS	Assistenz	Ist/Soll		0 / 1		0 / 1	0 / 1	0 / 1		
FR	05:30	14:15	QLI_VERT_SB	Vertreibsmita...	Ist/Soll		0 / 2		0 / 2	0 / 2	0 / 2		
SP	14:00	22:45	QLI_VERT_SB	Vertreibsmita...	Ist/Soll		0 / 2		0 / 2	0 / 2	0 / 2		
FR	05:30	14:15	QLI_VERTR_LT	Vertriebsleiter	Ist/Soll		0 / 1		0 / 1	0 / 1	0 / 1		
SP	14:00	22:45	QLI_VERTR_LT	Vertriebsleiter	Ist/Soll		0 / 1		0 / 1	0 / 1	0 / 1		

Abbildung 3.26: Bedarfsanzeige

Hier ist sehr gut zu erkennen, wo Sie in den Voreinstellungen in Abschnitt 3.2.1 BEDARFSARTEN, STELLEN und KOMMENTARE gepflegt haben. In unserem Fall wurde die Bedarfsart FEIERTAG nicht gepflegt, und für WERKTAGE wurden nur Kommentare erfasst. Die Wochenenden und Feiertage sind in der Datumsanzeige immer rot markiert.

Die Anzeige kann einzeilig oder zweizeilig dargestellt werden. Um zwischen beidem zu wechseln, rufen Sie das Menü der SAP-Personaleinsatzplanung mit EINSTELLUNGEN • BEDARFSABGLEICH EINZEILIG/ZWEIZEILIG auf. Bei jedem Klick auf diesen Menüpunkt wechselt die Bedarfsanzeige.

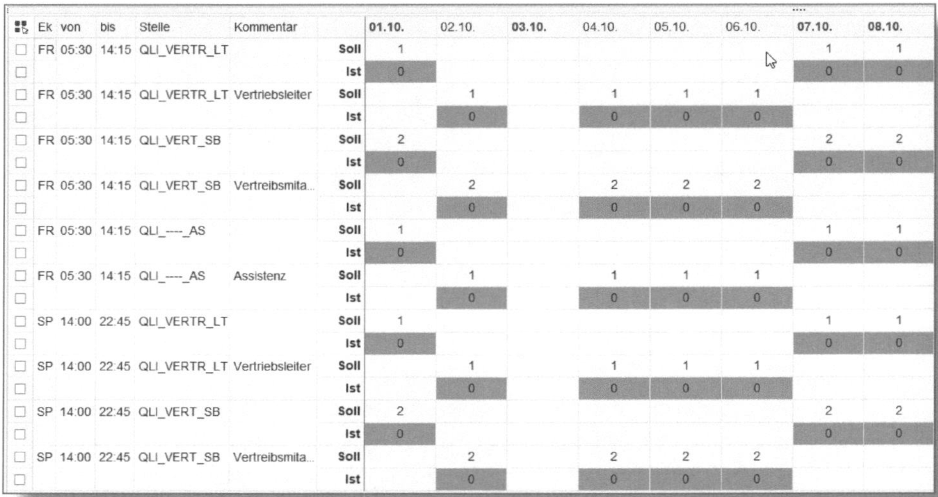

Ek	von	bis	Stelle	Kommentar		01.10.	02.10.	03.10.	04.10.	05.10.	06.10.	07.10.	08.10.
FR	05:30	14:15	QLI_VERTR_LT		Soll	1						1	1
					Ist	0						0	0
FR	05:30	14:15	QLI_VERTR_LT	Vertriebsleiter	Soll		1		1	1	1		
					Ist		0		0	0	0		
FR	05:30	14:15	QLI_VERT_SB		Soll	2						2	2
					Ist	0						0	0
FR	05:30	14:15	QLI_VERT_SB	Vertreibsmita...	Soll		2		2	2	2		
					Ist		0		0	0	0		
FR	05:30	14:15	QLI_----_AS		Soll	1						1	1
					Ist	0						0	0
FR	05:30	14:15	QLI_----_AS	Assistenz	Soll		1		1	1	1		
					Ist		0		0	0	0		
SP	14:00	22:45	QLI_VERTR_LT		Soll	1						1	1
					Ist	0						0	0
SP	14:00	22:45	QLI_VERTR_LT	Vertriebsleiter	Soll		1		1	1	1		
					Ist		0		0	0	0		
SP	14:00	22:45	QLI_VERT_SB		Soll	2						2	2
					Ist	0						0	0
SP	14:00	22:45	QLI_VERT_SB	Vertreibsmita...	Soll		2		2	2	2		
					Ist		0		0	0	0		

Abbildung 3.27: Zweizeilige Bedarfsanzeige

Sie sehen, dass bei zweizeiliger Anzeige der Platz sehr großzügig bemessen ist (siehe Abbildung 3.27). Sollten Sie eine große Anzahl an Bedarfen haben, ist die einzeilige Anzeige empfehlenswert.

Ist in den Voreinstellungen der *Bedarfsverdichter* aktiviert, erhalten Sie eine komprimierte Anzeige der Bedarfe. Aber auch hier wird unterschieden zwischen einfacher und erweiterter Bedarfsverdichtung. Beides möchte ich Ihnen im Folgenden zeigen.

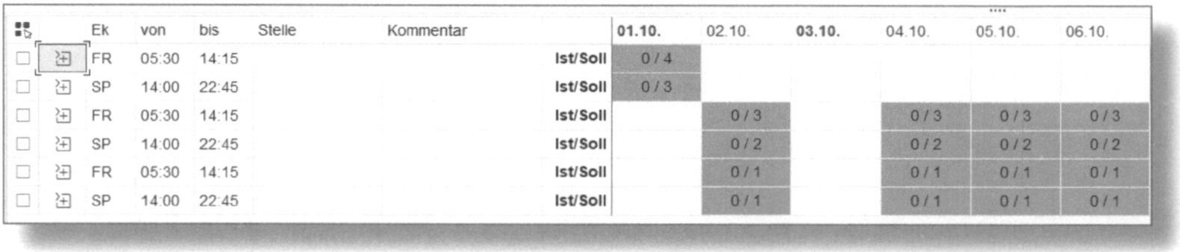

Ek	von	bis	Stelle	Kommentar		01.10.	02.10.	03.10.	04.10.	05.10.	06.10.
FR	05:30	14:15			Ist/Soll	0 / 4					
SP	14:00	22:45			Ist/Soll	0 / 3					
FR	05:30	14:15			Ist/Soll		0 / 3		0 / 3	0 / 3	0 / 3
SP	14:00	22:45			Ist/Soll		0 / 2		0 / 2	0 / 2	0 / 2
FR	05:30	14:15			Ist/Soll		0 / 1		0 / 1	0 / 1	0 / 1
SP	14:00	22:45			Ist/Soll		0 / 1		0 / 1	0 / 1	0 / 1

Abbildung 3.28: Einfache Bedarfsverdichtung

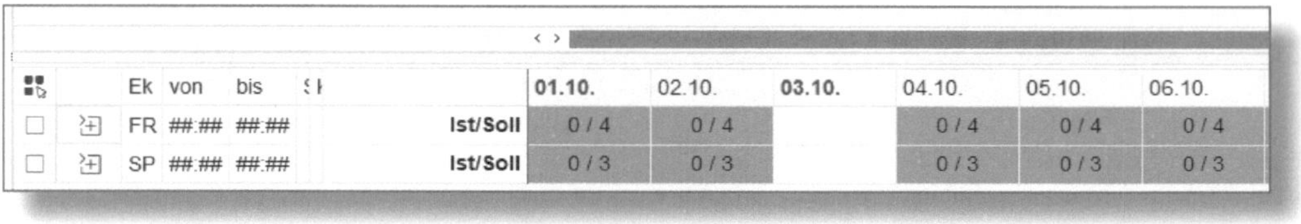

Ek	von	bis		01.10.	02.10.	03.10.	04.10.	05.10.	06.10.
FR	##:##	##:##	Ist/Soll	0 / 4	0 / 4		0 / 4	0 / 4	0 / 4
SP	##:##	##:##	Ist/Soll	0 / 3	0 / 3		0 / 3	0 / 3	0 / 3

Abbildung 3.29: Erweiterte Bedarfsverdichtung

Der Unterschied besteht darin, dass bei der einfachen Bedarfsverdichtung, wie sie in Abbildung 3.28 zu sehen ist, zwar die Einsatzkürzel (EK) pro Bedarfsart angezeigt werden, aber nicht die unterschiedlichen Stellen- und/oder Qualifikationsbedarfe.

Bei der erweiterten Bedarfsverdichtung aus Abbildung 3.29 ist der Bedarfsabgleich übersichtlicher dargestellt. Alle Zeilen mit Bedarfen, die ein gemeinsames Einsatzkürzel, denselben Bedarfsverursacher und dieselbe Beginn- und Endzeit haben, werden komprimiert angezeigt. Bedarfe, die im Bedarfsverdichter zusammengefasst sind und unterschiedliche Beginn- und Endzeiten aufweisen, werden als ##:## dargestellt. Über das Verdichtungs-Icon können die einzelnen Bedarfssätze auf- und zugeklappt werden (siehe Abbildung 3.30).

Zusätzlich sind in jeder Bedarfszeile noch neben der hinterlegten Arbeitszeit eines Bedarfs ggf. die STELLE, die KENNUNG und der KOMMENTAR zu sehen, wie Abbildung 3.30 verdeutlicht. Sind zu einem benötigten Bedarf noch Qualifikationen eingepflegt (siehe Abschnitt 3.2.1), ist in der Spalte QUAL. ein Icon gesetzt.

Ek	von	bis	Stelle	Qual.	Kommentar	Kennung
FR	##:##	##:##				
FR	05:30	14:15				
FR	05:30	14:15	QLI_VERTR_LT			
FR	05:30	14:15	QLI_VERTR_LT		Vertriebsleiter	
FR	05:30	14:15	QLI_VERT_SB			
FR	05:30	14:15	QLI_VERT_SB		Vertreibsmitarbeiter	☑
FR	05:30	14:15	QLI_----_AS			
FR	05:30	14:15	QLI_----_AS		Assistenz	

Abbildung 3.30: Bedarfsanzeige mit Qualifikation

Bei einem Klick auf zeigt sich der benötigte dispositive Personalbedarf – oder, einfacher ausgedrückt, die notwendige Qualifikation zum Bedarf (siehe Abbildung 3.31).

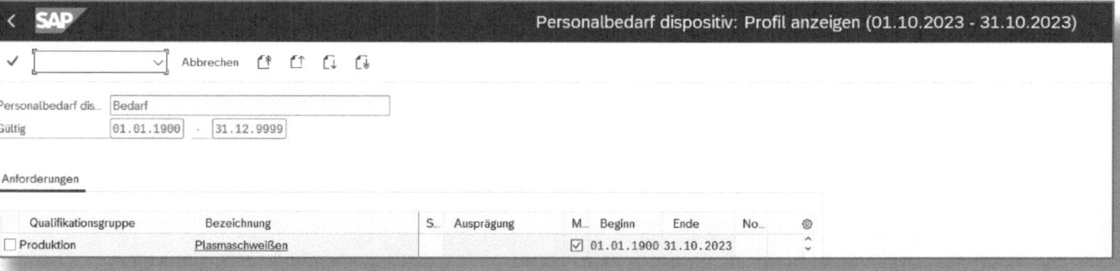

Abbildung 3.31: Dispositiver Personalbedarf

Sie sehen, die Bedarfsanzeige kann sehr unterschiedlich ausgestaltet sein. Die Standardeinstellungen arbeiten selten mit der Bedarfsverdichtung, aber Sie sollten diese kennen, denn wenn Sie in Ihrer SAP-Personaleinsatzplanung mit sehr vielen Bedarfen arbeiten wollen, verlieren Sie sonst leicht den Überblick.

3.3.2 Automatische Bedarfszuordnung

Viele Einsatzplaner wünschen sich eine vollautomatisierte Planung. Die SAP-Personaleinsatzplanung kommt dem bis zu einem gewissen Grad entgegen, auch wenn sie vermutlich in der aktuellen Form nicht alle Ihre Träume erfüllt. Im SAP-Standard können Sie die automatische Bedarfszuordnung nutzen.

Zuordnungsstrategien

Sogenannte Zuordnungsstrategien ermöglichen es, Mitarbeiter mit ihrer vorgegebenen Einsatzzeit einem Bedarf automatisiert zuzuordnen. Sie können diese Strategie im Menü unter EINSTELLUNGEN • STRATEGIE AUSWÄHLEN einsehen oder – wenn Sie dazu berechtigt sind – ändern, wie in Abbildung 3.32 dargestellt. Im Folgenden arbeiten wir mit der *SAP_2*-Strategie.

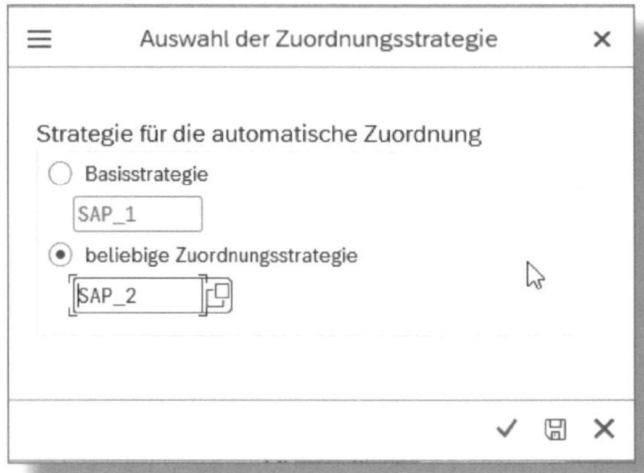

Abbildung 3.32: Zuordnungsstrategie

> **☛ Zuordnungsstrategien**
>
> Eine Zuordnungsstrategie basiert auf der Suche nach dem passenden Mitarbeiter zu einem Bedarf. Es handelt sich um einen festgelegten Ablauf, bei dem verschiedene Kriterien für die Bedarfsdeckung durchlaufen werden – wie z. B. *Arbeitszeit an den Bedarf anpassen, Bedarfsintervalle aufteilen, Stelle ist relevant, Bedarfe mit Kennung berücksichtigen*. Auf diese Weise wird ein Mitarbeiter dem Bedarf zugewiesen. Haben Sie in Ihrer Planungsübersicht nur Mitarbeiter mit einem starren Grundplan (Arbeitszeit acht Stunden pro Tag, an fünf Tagen die Woche), dann weist die Zuordnungsstrategie bei dem Kriterium *Arbeitszeit an Bedarf anpassen* (siehe Abbildung 3.33) alle Mitarbeiter jeweils definierten Früh-, Spät- und Nachtschichten zu.

Zuordnungsoptionen ändern

Eine planerische Beeinflussung der Zuordnungsoptionen legen Sie unter dem Menüpfad EINSTELLUNGEN • ZUORDNUNGSOPTIONEN fest. Sie können hier die Zuordnungsoptionen abändern und als generelle Option abspeichern (siehe Abbildung 3.33).

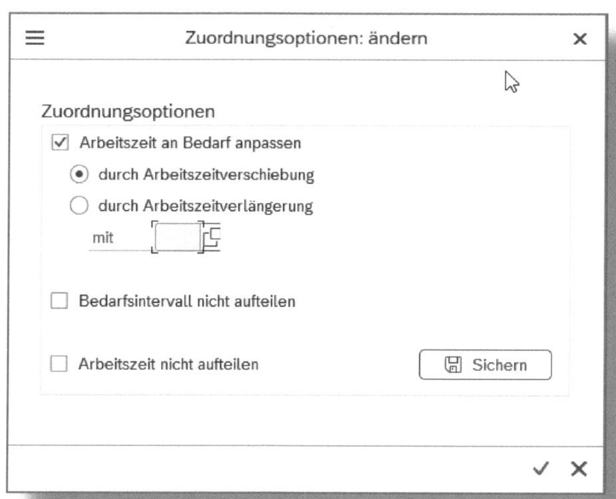

Abbildung 3.33: Zuordnungsoptionen

Dabei müssen Sie wissen, wie Sie an dieser Stelle mit den Tagesarbeitszeiten der Mitarbeiter umgehen wollen. Sollen sich diese an den BEDARF ANPASSEN, setzen Sie das Kennzeichen im entsprechenden Kästchen. Wenn Mitarbeiter aufgrund Ihrer Schichten den Bedarf nicht zu 100 Prozent decken, dann lassen sich die Zuordnungen auch unter ihnen aufteilen. Somit können mehrere Mitarbeiter einen Bedarf zu unterschiedlichen Zeiten erfüllen. Nehmen wir z. B. eine Frühschicht von 06:00 Uhr bis 14:00 Uhr an. Diese könnte Mitarbeiter A von 06:00 Uhr bis 10:00 Uhr decken, dann Mitarbeiter B, der ab 10:00 Uhr arbeitet und um 12:00 Uhr Schluss macht. Der restliche Bedarf entfällt auf einen Spätschichtler, den Mitarbeiter C, der zwischen 12:00 Uhr und 14:00 Uhr seiner Tätigkeit nachkommt. Dieses Szenario unterbinden Sie mit BEDARFSINTERVALL NICHT AUFTEILEN. Wenn Sie nicht wollen, dass sich Schichten zeitlich aufsplitten, also aus einer normalen 8-Stunden-Schicht auf einmal nur eine 4-Stunden-Schicht wird, weil es der Bedarf einfordert, dann müssen Sie den Punkt ARBEITSZEIT NICHT AUFTEILEN wählen.

Priorisierung für Vorschlagsermittlung ändern

Über EINSTELLUNGEN • PRIORISIERUNG FÜR VORSCHLAGSERMITTLUNG legen Sie fest, anhand welcher Eignungskriterien die automatische Zuordnung von Mitarbeitern zu einem Bedarf bzw. ein entsprechender Vorschlag erfolgt. Sie können maximal vier Eignungskriterien hinterlegen.

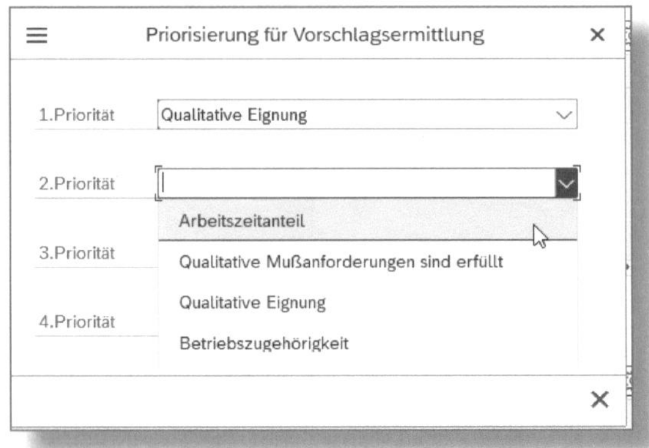

Abbildung 3.34: Priorisierung für Vorschlagsermittlung

Die in Abbildung 3.34 gezeigte Einstellung führt dazu, dass nur Mitarbeiter ausgewählt werden, die die am Bedarf hinterlegte Qualifikation besitzen. Des Weiteren sehen Sie die Ihnen darüber hinaus zur Verfügung stehenden Optionen.

Durchführung der automatischen Bedarfszuordnung

Sie rufen die automatische Bedarfszuordnung im Dialogfenster OFFENEN SOLLPLAN ÄNDERN: ÜBERSICHT über den Button ZUORDNUNGSVORSCHLAG ERMITTELN (🗎) oder über den Menüpfad BEARBEITEN • ZUORDNUNGSVORSCHLAG ERMITTELN auf (siehe Abbildung 3.35).

Abbildung 3.35: Zuordnungsvorschlag ermitteln

Nach der automatischen Bedarfszuordnung sehen Sie die zugewiesenen Mitarbeiter im Bedarfsabgleich (siehe Abbildung 3.36).

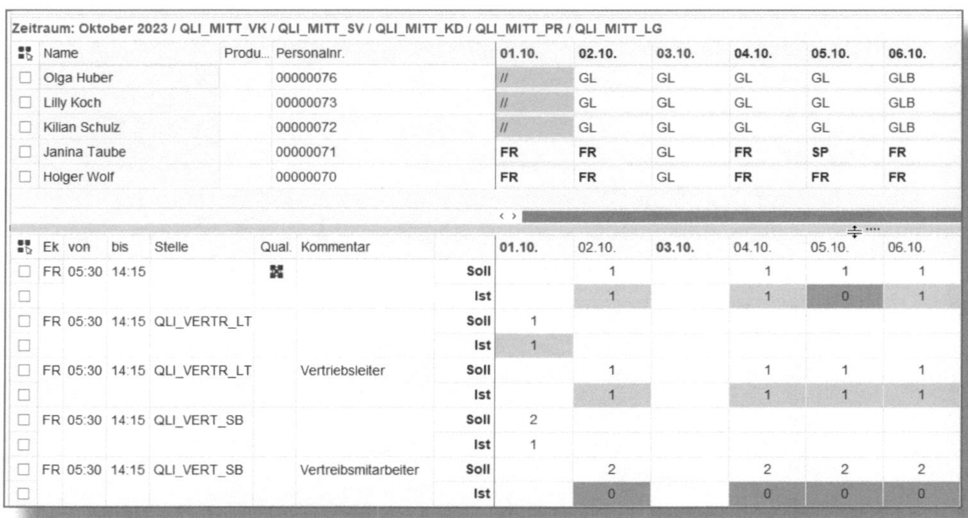

Zeitraum: Oktober 2023 / QLI_MITT_VK / QLI_MITT_SV / QLI_MITT_KD / QLI_MITT_PR / QLI_MITT_LG

Name	Produ...	Personalnr.	01.10.	02.10.	03.10.	04.10.	05.10.	06.10.
Olga Huber		00000076	//	GL	GL	GL	GL	GLB
Lilly Koch		00000073	//	GL	GL	GL	GL	GLB
Kilian Schulz		00000072	//	GL	GL	GL	GL	GLB
Janina Taube		00000071	FR	FR	GL	FR	SP	FR
Holger Wolf		00000070	FR	FR	GL	FR	FR	FR

Ek	von	bis	Stelle	Qual.	Kommentar		01.10.	02.10.	03.10.	04.10.	05.10.	06.10.
FR	05:30	14:15		✱		Soll		1		1	1	1
						Ist		1		1	0	1
FR	05:30	14:15	QLI_VERTR_LT			Soll	1					
						Ist	1					
FR	05:30	14:15	QLI_VERTR_LT		Vertriebsleiter	Soll		1		1	1	1
						Ist		1		1	1	1
FR	05:30	14:15	QLI_VERT_SB			Soll	2					
						Ist	1					
FR	05:30	14:15	QLI_VERT_SB		Vertriebsmitarbeiter	Soll		2		2	2	2
						Ist		0		0	0	0

Abbildung 3.36: Zugeordnete Mitarbeiter

Wenn Sie die Strategie für die automatische Vorschlagsermittlung wie oben vorgeschlagen hinterlegt haben, dann wird die Zuordnung der Personen zu den Bedarfen in folgender Reihenfolge vorgenommen:

1. Die Arbeitszeiten der Mitarbeiter ändern sich.
2. Die Bedarfe werden nur als Ganzes einem Mitarbeiter zugeordnet.
3. Organisatorische Zugehörigkeit, Stellen und Qualifikationen werden berücksichtigt.
4. Die Zuordnung zum Bedarf erfolgt so lange, bis das Soll des Bedarfs gedeckt ist.

In unserem Beispiel sind im Bereich der Mitarbeiterdaten die Einsatzkürzel, die schon einem Bedarf zugewiesen wurden, gefettet dargestellt (siehe Abbildung 3.37).

Zeitraum: Oktober 2023 / QLI_MITT_VK / QLI_MITT_SV / QLI_MITT_KD / QLI_MITT_PR / QLI_MITT_LG

Name	Produ...	Personalnr.	**01.10.**	**02.10.**	**03.10.**	**04.10.**	**05.10.**	**06.10.**
Olga Huber		00000076	//	GL	GL	GL	GL	GLB
Lilly Koch		00000073	//	GL	GL	GL	GL	GLB
Kilian Schulz		00000072	//	GL	GL	GL	GL	GLB
Janina Taube		00000071	**FR**	**FR**	GL	**FR**	**SP**	**FR**
Holger Wolf		00000070	**FR**	**FR**	GL	**FR**	**FR**	**FR**

Abbildung 3.37: Bedarfszuordnung und Einsatzkürzel

In den Details des Tages wird die Zuordnung zu einem Bedarf auf der gleichnamigen Registerkarte dargestellt (siehe Abbildung 2.43).

Probieren geht über Studieren

Wie die automatische Zuordnungsoption arbeiten soll, hängt an dieser Stelle sehr stark von Ihren Anforderungen ab. Im Fall von rollierenden Arbeitszeitplänen dürfen Zeiten eventuell gar nicht geändert werden, oder aber Ihre Bedürfnisse sind komplett andere. Im Folgenden zeige ich Ihnen die Möglichkeiten, die SAP Ihnen bietet. Es ist aber leider immer so – die Wahrheit liegt irgendwo dazwischen. Sie sollten sich also die Zeit nehmen und ein wenig probieren. Schnell werden Sie feststellen, ob Ihnen die automatische Zuordnung hilft oder nicht.

3.3.3 Manuelle Bedarfszuordnung

Einsätze von Mitarbeitern können Sie nicht nur automatisch zuweisen, sondern auch manuell per Drag-and-drop einem Bedarf zuordnen. Beide Varianten lassen sich problemlos zusammen nutzen, sie ergänzen sich sogar. Sie markieren hierzu den Einsatz in der Tageszelle mit der rechten Maustaste und ziehen ihn im Anschluss bei gedrückter linker Maustaste zum Bedarf. Sie können ebenfalls mehrere zusammenhängende Einsätze mit der Maus anklicken und zuordnen. Wenn Sie verschiedene Einsätze eines Mitarbeiters zuweisen wollen, halten Sie die Taste `Strg` gedrückt und markieren die einzelnen Einsätze. Lassen Sie dann die `Strg`-Taste los, und ordnen Sie die Einsätze dem Bedarf zu.

Arbeiten Sie, wie in Abschnitt 3.2.1 erläutert, mit Stellen oder greifen Sie, wie in Abschnitt 2.1.1 ausgeführt, auf mehrere Organisationseinheiten mit unterschiedlichen Bedarfen zu, erhalten Sie bei manueller Bedarfszuordnung unter Umständen die nachstehend aufgeführten Hinweise. Diese sind für Sie als Anwender von rein informatorischer Natur.

Mitarbeiter wurde einer unterschiedlichen Stelle zugeordnet

Wird ein Mitarbeiter einem anderen Stellenbedarf als seiner originären eigenen Stelle zugewiesen, so erscheint die in Abbildung 3.38 gezeigte Meldung.

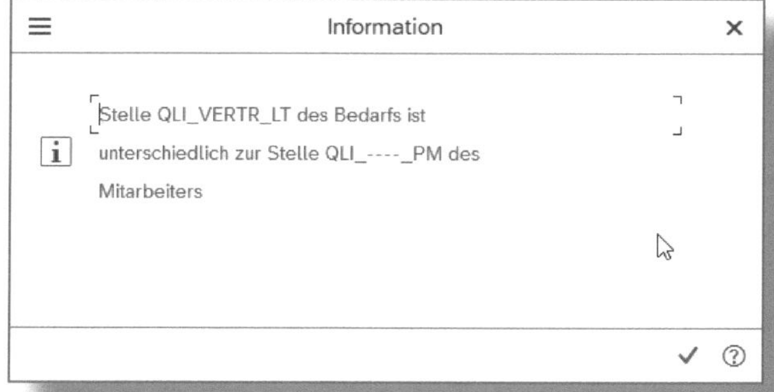

Abbildung 3.38: Mitarbeiter wurde einem anderen Stellenbedarf zugeordnet

Mitarbeiter wurde unterschiedlichem organisatorischen Bedarf zugeordnet

In dem Fall, der in Abbildung 3.39 dargestellt ist, wurde ein Mitarbeiter der Organisationseinheit A dem Bedarf der Organisationseinheit B zugeordnet.

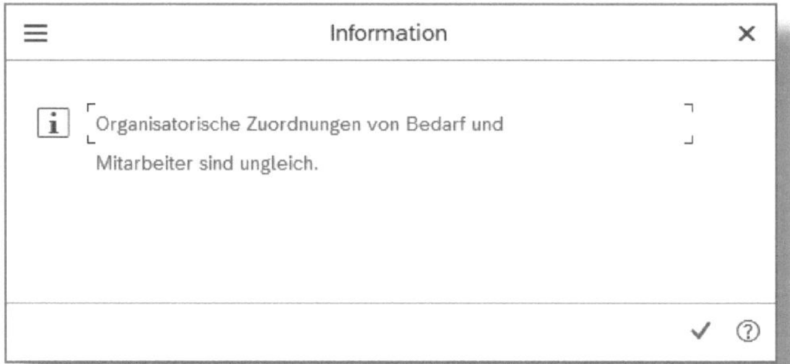

Abbildung 3.39: Mitarbeiter wurde einem anderen organisatorischen Bedarf zugeordnet

Beide Planungssituationen sind aus heutiger Sicht normal. Planer verplanen mehrere Organisationseinheiten und müssen im Rahmen dessen immer wieder Mitarbeiter anderen Stellen zuweisen, da ihnen Kräfte mit passenden Stellen nicht zur Verfügung stehen. Solche Zuweisungen sind allerdings nur in der manuellen Bedarfszuordnung möglich, in der automatischen hält sich das System strikt an die Vorgaben.

Sofern Sie den Bedarfsverdichter nutzen (siehe Abschnitt 3.3.1), müssen Sie diesen Bedarf über das Verdichtungs-Icon aufklappen, weil Sie sonst keine manuelle Zuordnung vornehmen können (siehe Abbildung 3.40).

Sie können Mitarbeiter auch einem Bedarf zuweisen, indem Sie den Mitarbeiter, den Tag (oder die Tage) und den Bedarf markieren und den in Abbildung 3.41 angezeigten Button ZUORDNUNG ANLEGEN anklicken.

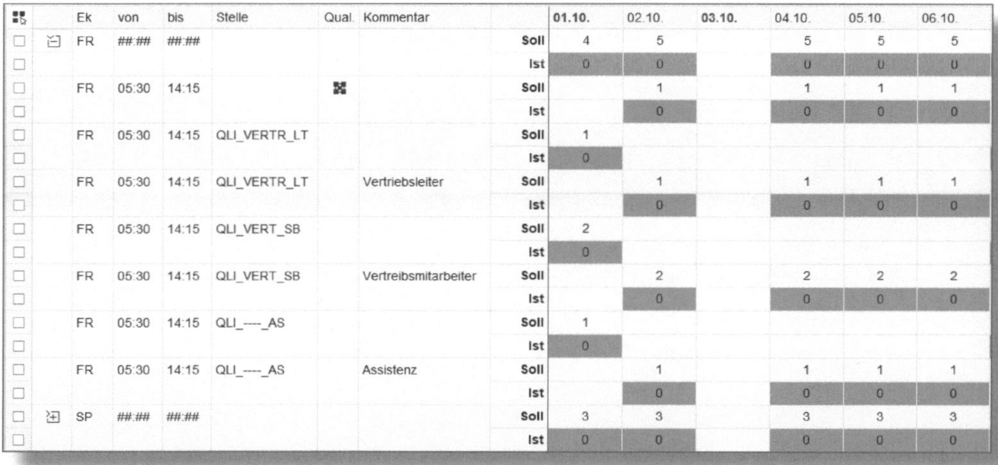

Abbildung 3.40: Aufgeklappte Bedarfsverdichtung

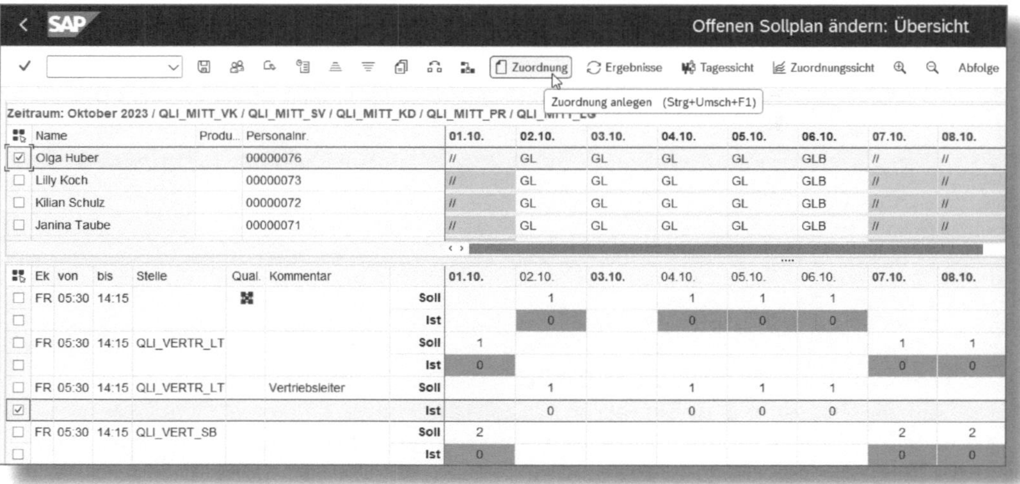

Abbildung 3.41: Anlegen einer Bedarfszuordnung

Sie erhalten im Anschluss das Dialogfenster AUFTEILUNG DER BEDARFSZUORDNUNG (siehe Abbildung 3.42).

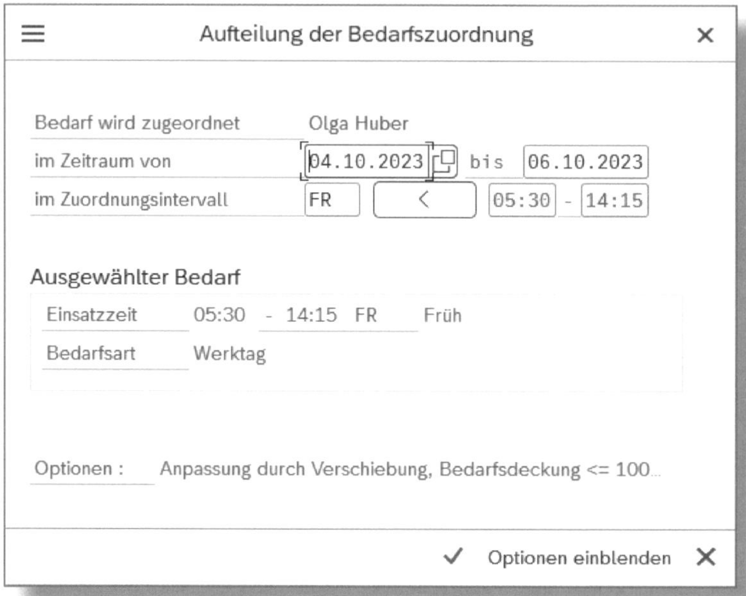

Abbildung 3.42: Aufteilung der Bedarfszuordnung

Den für die Zuordnung vorgeschlagenen Zeitraum können Sie innerhalb des Planungszeitfensters verändern.

3.3.4 Zuordnungsassistent

Der Zuordnungsassistent ist ein Tool, das Ihnen geeignete Mitarbeiter für die Zuordnung zu Einsätzen vorschlägt. Hierzu klicken Sie im Bedarfsabgleich den Bedarf an einem von Ihnen gewählten Datum an. Auf der Plantafel verwandelt sich der Mauszeiger nun in eine Hand. Der Zuordnungsassistent öffnet sich schließlich in einem eigenen Dialogfenster (siehe Abbildung 3.43).

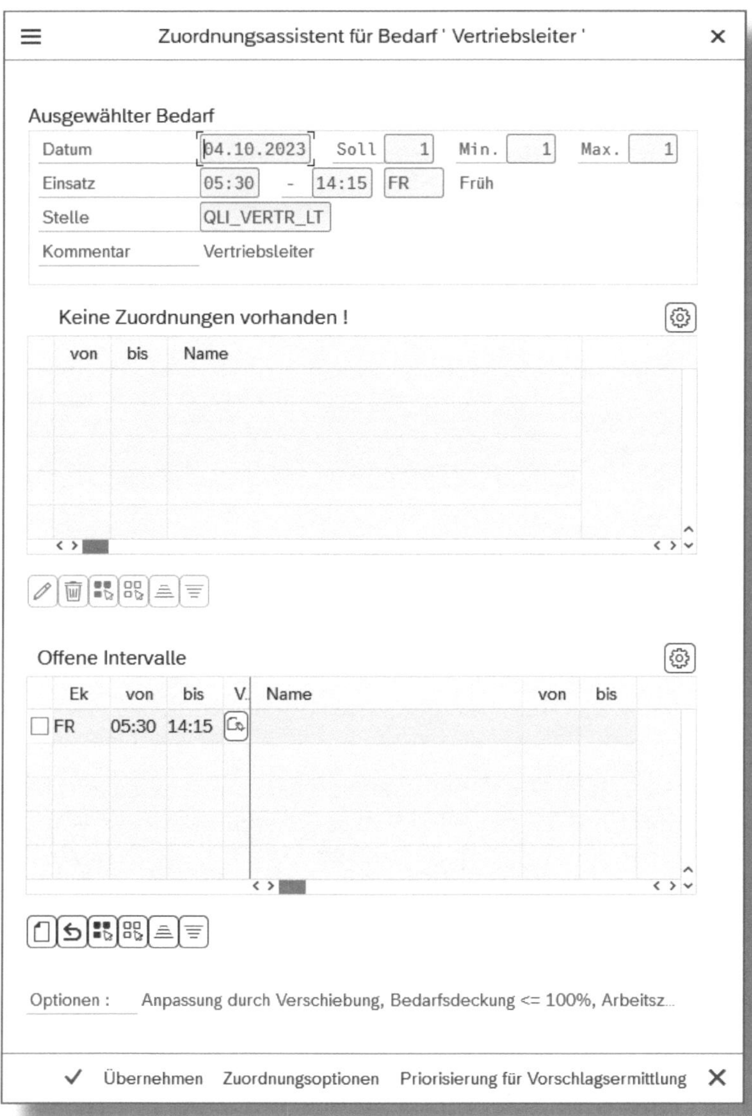

Abbildung 3.43: Zuordnungsassistent

Normalerweise würden Sie im oberen Listbereich die bereits zugewiesenen Mitarbeiter sehen, im angezeigten Beispiel wurde allerdings noch kein Mitarbeiter einem Bedarf zugeordnet. Die OFFENEN INTERVALLE sind im unteren Bereich dargestellt. In unserem Fall gibt es einen einmaligen Bedarf für das Einsatzkürzel (EK) *FR* auf der STELLE *QLI_VERTR_LT*, also beim *Vertriebsleiter*. Wenn Sie den Button in der Zeile des OFFENEN INTERVALLS anklicken, erhalten Sie eine Vorschlagsliste von Mitarbeitern (ERGEBNIS DER VORSCHLAGSERMITTLUNG), für die noch keine Zuordnungen vorliegen und die den einschränkenden Zuordnungsoptionen entsprechen (siehe Abbildung 3.44).

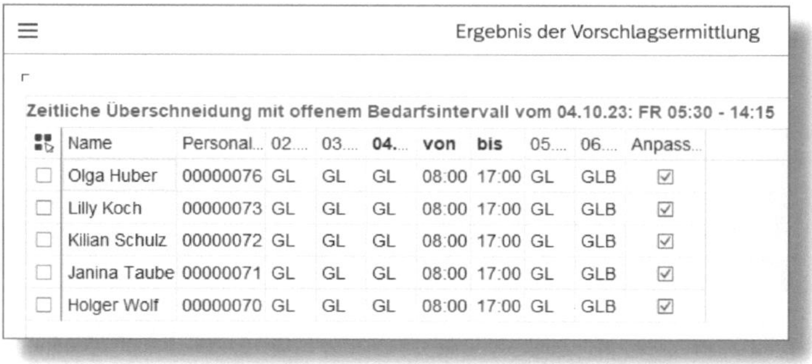

Ergebnis der Vorschlagsermittlung

Zeitliche Überschneidung mit offenem Bedarfsintervall vom 04.10.23: FR 05:30 - 14:15

	Name	Personal...	02....	03....	**04....**	**von**	**bis**	05....	06....	Anpass...
☐	Olga Huber	00000076	GL	GL	GL	08:00	17:00	GL	GLB	☑
☐	Lilly Koch	00000073	GL	GL	GL	08:00	17:00	GL	GLB	☑
☐	Kilian Schulz	00000072	GL	GL	GL	08:00	17:00	GL	GLB	☑
☐	Janina Taube	00000071	GL	GL	GL	08:00	17:00	GL	GLB	☑
☐	Holger Wolf	00000070	GL	GL	GL	08:00	17:00	GL	GLB	☑

Abbildung 3.44: Ergebnis der Vorschlagsermittlung

An dieser Stelle stehen fünf Mitarbeiter für den offenen Bedarf zur Verfügung. Markieren Sie denjenigen, den Sie zuordnen möchten, und klicken Sie auf WEITER (), oder drücken Sie die Enter-Taste. Der Name des Mitarbeiters steht jetzt im Zuordnungsassistenten hinter dem offenen Intervall (siehe Abbildung 3.45).

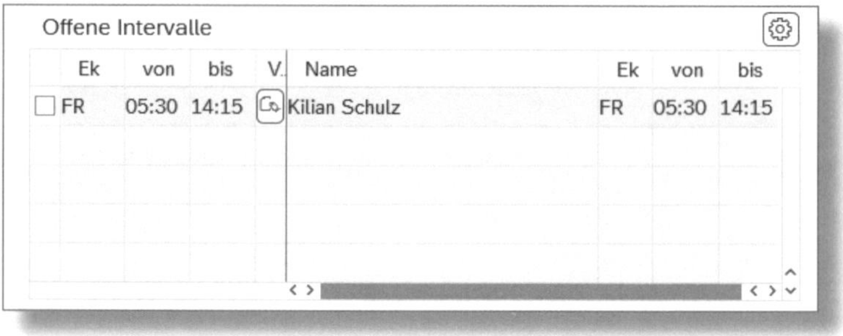

Offene Intervalle

	Ek	von	bis	V.	Name	Ek	von	bis
☐	FR	05:30	14:15		Kilian Schulz	FR	05:30	14:15

Abbildung 3.45: Mitarbeiterauswahl im Zuordnungsassistenten

☛ Informationsspalten nutzen

Wenn Sie sich die Ergebnisse der Vorschlagsermittlung anzeigen lassen, werden alle Informationsspalten mitgenommen, die Sie in der Personaleinsatzplanung nutzen (siehe Abschnitt 2.3.3). Im Falle von mehreren vorgeschlagenen Mitarbeitern können Sie so wertvolle Informationen einsehen (Zeitkonten, Zähler usw.), die Ihnen die Auswahl erleichtern.

Um den Mitarbeiter endgültig zuzuweisen, müssen Sie Ihre Auswahl mit dem Button ÜBERNEHMEN (Abbildung 3.43) bestätigen. Das offene Intervall wird aus der Liste entfernt, und der Mitarbeiter wird wiederum in die Liste der BEREITS EXISTIERENDEN ZUORDNUNGEN übernommen (siehe Abbildung 3.46).

Abbildung 3.46: Existierende Zuordnung

Sie können diese Zuordnungen im Zuordnungsassistenten ändern, aber ebenso löschen. Markieren Sie einen Mitarbeiter (Abbildung 3.46), und wählen Sie zum Pflegen der Zuordnungszeit den Button ZUORDNUNG ÄNDERN (✎). Klicken Sie zum Entfernen der Bedarfszuordnung auf ZUORDNUNG LÖSCHEN (🗑).

Die Vorschlagsliste können Sie über die Zuordnungsoptionen und die Priorisierung für die Vorschlagsermittlung beeinflussen (siehe die folgenden Abschnitte).

Automatische Zuordnung beim Wechsel von Einsatzkürzeln

Mit dieser Funktion können Sie festlegen, ob ein Mitarbeiter bei einer Änderung seines Einsatzkürzels direkt automatisch einem Bedarf zugeordnet wird. Dies bedeutet, wenn Sie einen bestimmten Bedarf (z. B. Frühschicht) definiert haben und Sie einem Mitarbeiter diese Frühschicht auf der Planungsoberfläche zuweisen, würde der Zähler des Bedarfs automatisch um + 1 erhöht. Sie aktivieren diese Funktion, ausgehend vom Einsatzplan, über den Menüpfad EINSTELLUNGEN • AUTOMATISCHE ZUORDNUNG AKTIV/INAKTIV.

Zugeordnete Mitarbeiter mit Bedarfsübersicht ansehen/löschen

Über den Menüpfad BEARBEITEN • ZUORDNUNG • ZUGEORDNETE MITARBEITER oder direkt über den entsprechenden Button auf der Planungsoberfläche (siehe Abbildung 3.47) gelangen Sie zur Übersicht aller Mitarbeiter und deren Zuordnungen (siehe Abbildung 3.48).

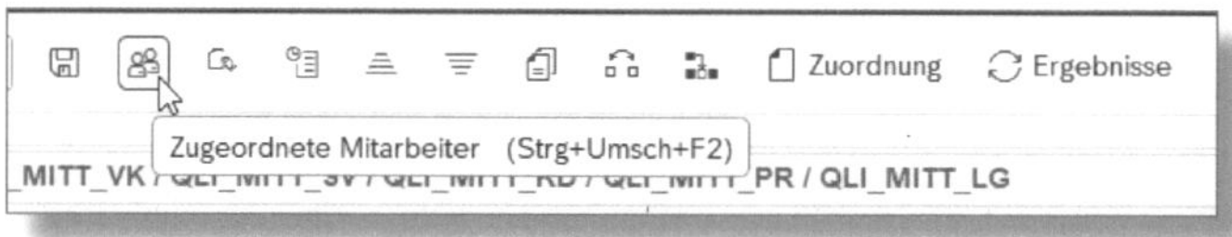

Abbildung 3.47: Auswahl-Button für zugeordnete Mitarbeiter

In der vollständigen Zuordnungsansicht aus Abbildung 3.48 können Sie einzelne Bedarfszuordnungen löschen. Hierzu klicken Sie den Planungszeitraum, den Namen oder einzelne Einsätze an und nutzen dann entweder den Button (Eintrag markieren) oder führen einen Doppelklick auf die entsprechenden Felder aus. Alle markierten Einträge werden jetzt in der Liste farblich hervorgehoben. Wählen Sie anschließend Zuordnung (ZUORDNUNGEN LÖSCHEN). Die zu löschenden Einträge sind nun mit einem Icon SO 01.10.2023 gekennzeichnet. Wenn Sie an dieser Stelle mit (WEITER) bestätigen, sind alle Zuordnungen gelöscht.

Abbildung 3.48: Ansicht zugeordneter Mitarbeiter

Kollidierende Zuordnungen

Sollte in Ihrer Planungsoberfläche der Button ANZEIGE KOLLISION DER ZUORDNUNGEN auftauchen (siehe Abbildung 3.49), weist das auf Zuordnungen hin, die zwar vorgenommen wurden, aber in dieser Form nicht mehr möglich sind.

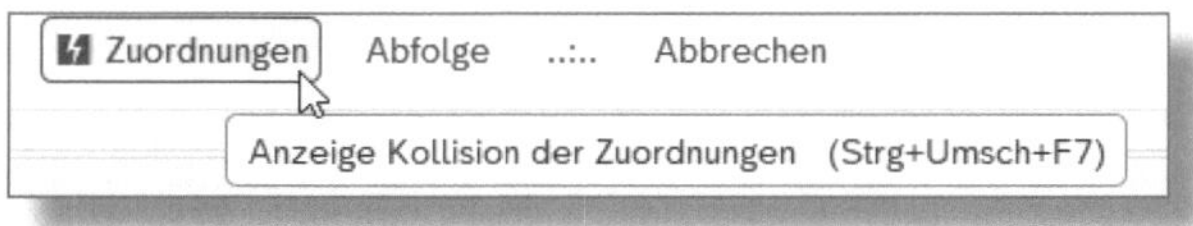

Abbildung 3.49: Button »Kollidierende Zuordnungen«

Solche fehlerhaften Zuordnungen entstehen, wenn von einem Personalsachbearbeiter über die Stammdatenerfassung Abwesenheiten, wie z. B. Urlaub oder Krankheit, eingegeben wurden, aber im selben Zeitraum Zuordnungen zu anderen Bedarfen existieren. Bei Aufruf des Einsatzplans erkennt das System, dass diese Zuordnungen manuell gelöscht werden müssen. Um die fehlerhaften Zuordnungen einzusehen, klicken Sie auf den Button ANZEIGE KOLLISION DER ZUORDNUNGEN. In einem neuen Fenster werden Ihnen nun die fehlerhaften Zuordnungen angezeigt (siehe Abbildung 3.50). Erst über die Funktion (Speichern) in der Personaleinsatzplanung werden die Bedarfszuordnungen aus der Datenbank entfernt. Hierbei handelt es sich um ein unerwünschtes Systemverhalten, das Sie als Planer im Auge behalten sollten, gerade weil Ihnen in einem solchen Fall schon gedeckte Bedarfszuordnungen verloren gehen.

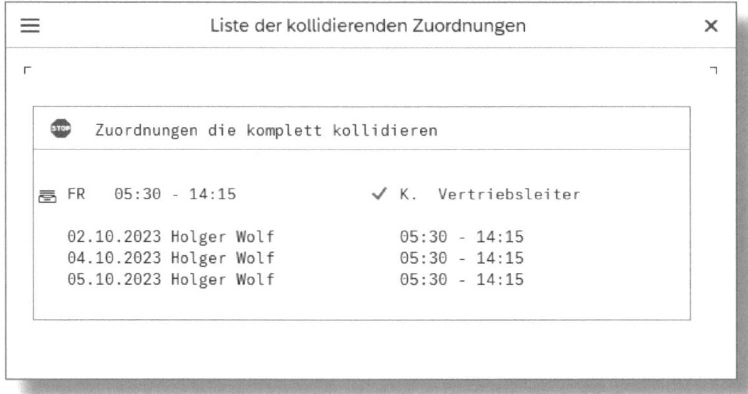

Abbildung 3.50: Komplett kollidierende Zuordnungen

3.3.5 Zuordnungssicht

Die Zuordnungssicht der SAP-Personaleinsatzplanung bietet Ihnen noch einmal einen anderen Blickwinkel auf die Bedarfe und deren Zuordnung, und zwar mit den komplett gleichen Funktionalitäten wie in Abschnitt 3.3.2 und 3.3.3 beschrieben (siehe Abbildung 3.51).

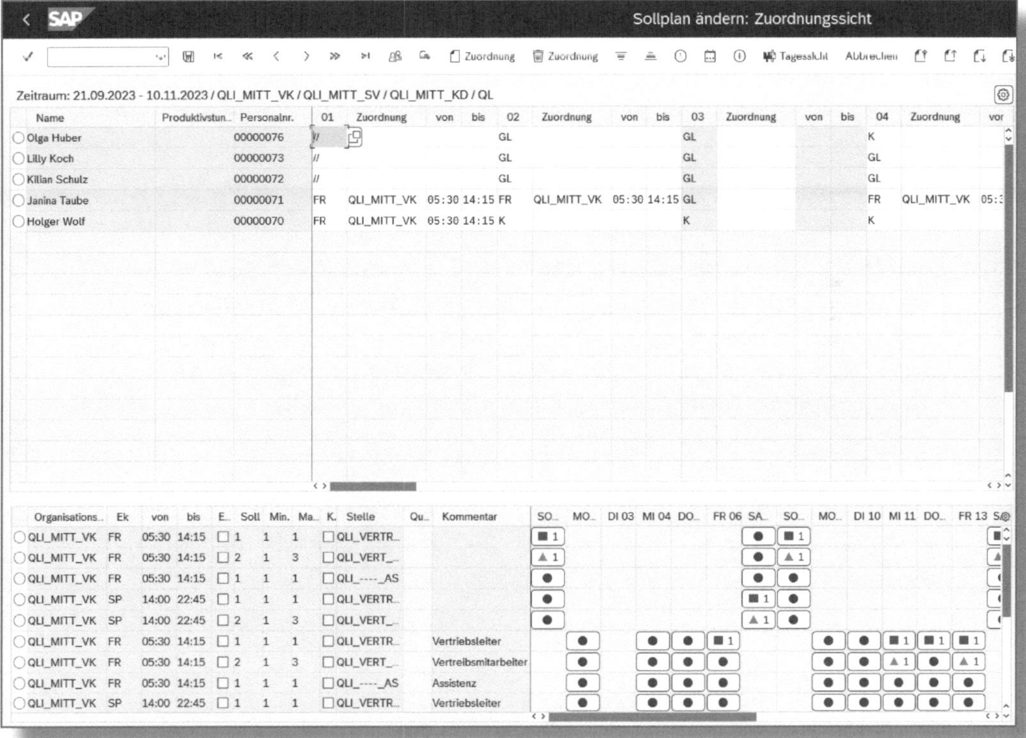

Abbildung 3.51: Zuordnungssicht

Sie können im Mitarbeiterbereich (oberer Teil des Screens in jeder Mitarbeiterzeile) Einsatzkürzel abändern und im Bereich mit den farblichen Icons (rechts unten) den manuellen Zuordnungsassistenten aufrufen. Da die Zuordnungssicht in der Praxis sehr wenig eingesetzt wird und da ferner die von ihr genutzten Funktionen der Zuordnungen bereits beschriebenen wurden, kann ich mich an dieser Stelle kurzfassen.

Gedrehte Bedarfssicht

Eine wichtige und bisher noch nicht besprochene Funktion ist die gedrehte Bedarfssicht. Die nützliche Funktion existiert bereits, seit es die SAP-Personaleinsatzplanung gibt, ist aber vielen Anwendern leider unbekannt. Dabei steht nicht der Mitarbeiter an erster Stelle in der Plantafel, sondern der Bedarf – und damit die Aufgaben oder Tätigkeiten, die auszuführen sind und für die Sie Ausführende suchen. Es handelt sich also um eine Sicht, die in dieser Form besser auf die Bedürfnisse Ihres Unternehmens fokussiert.

> **Gedrehte Bedarfssicht und Tagessicht**
>
> Ich beschreibe in der Zuordnungssicht Funktionalitäten der Tagessicht. Das irritiert an dieser Stelle: aus der Tagessicht in die Zuordnungssicht. Dies ist aber aufgrund der Bedarfe in der Tagessicht erst möglich. Eigentlich gehört dies meiner Meinung nach in die Zuordnungssicht, SAP hat sich jedoch anders entschieden.

Sie öffnen die Tagessicht über den Button Tagessicht in der Menüleiste. Klicken Sie nun auf Sicht drehen, erhalten Sie die Darstellung aus Abbildung 3.52.

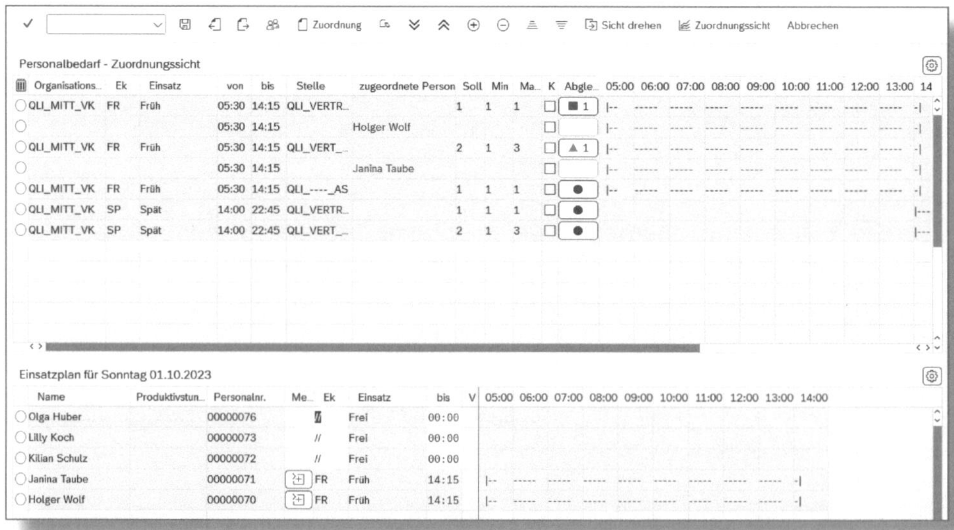

Abbildung 3.52: Gedrehte Tagessicht

Sie sehen im linken oberen Bereich der Tagessicht den Bedarf der entsprechenden Organisationseinheit, sofern Sie wie in unserem Beispiel auf dem Einstiegsbild der SAP-Personaleinsatzplanung mehrere Organisationseinheiten selektiert haben.

Haben Sie nur eine Organisationseinheit gewählt, entfällt diese Spalte komplett (siehe Abbildung 3.53).

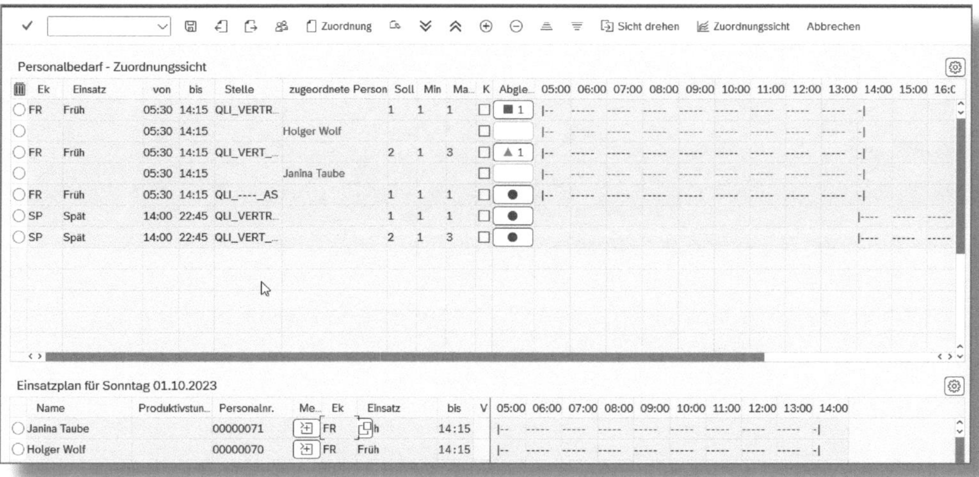

Abbildung 3.53: Gedrehte Tagessicht einer Organisationseinheit

In den einzelnen Spalten ist zu sehen:

- Einsatzkürzel (EK)
- EINSATZ
- Einsatzzeit (VON und BIS)
- STELLE
- ZUGEORDNETE PERSON
- SOLL, MIN und MAX des Bedarfs

In der Spalte mit den Icons sind die gedeckten, minimal gedeckten oder ungedeckten Bedarfszuordnungen dargestellt.

Wenn Sie diverse Organisationseinheiten mit mehreren Mitarbeitern im Zugriff haben, sehen Sie, wie in Abbildung 3.52, im unteren Bereich die Mitarbeiter. Soweit sie bereits Bedarfen zugeordnet sind, ist in der Spalte Mehr (ME) das Icon sichtbar. Wenn Sie dieses anklicken, sehen Sie in einer neuen Zeile die Bedarfszuordnung (siehe Abbildung 3.54).

Einsatzplan für Sonntag 01.10.2023

Name	Produktivstun...	Personalnr.	Me...	Ek	Einsatz	von	bis	V	05:00 06:00 07:00 08:00 09:00 10:00 11:00 12:00 13:00 14:00
Olga Huber		00000076	//		i	00:00	00:00		
Lilly Koch		00000073	//		Frei	00:00	00:00		
Kilian Schulz		00000072	//		Frei	00:00	00:00		
Janina Taube		00000071		FR	Früh	05:30	14:15		|-- ----- ----- ----- ----- ----- ----- ----- ----- -|
					Bedarfszuordn...	05:30	14:15		|-- ----- ----- ----- ----- ----- ----- ----- ----- -|
Holger Wolf		00000070		FR	Früh	05:30	14:15		|-- ----- ----- ----- ----- ----- ----- ----- ----- -|
					Bedarfszuordn...	05:30	14:15		|-- ----- ----- ----- ----- ----- ----- ----- ----- -|

Abbildung 3.54: Bedarfszuordnung in der Tagessicht

Wenn Sie noch nicht verplante Mitarbeiter offenen Bedarfsintervallen zuweisen möchten, markieren Sie die Zeilen für den diesbezüglichen Bedarf und den entsprechenden Mitarbeiter (siehe Abbildung 3.55).

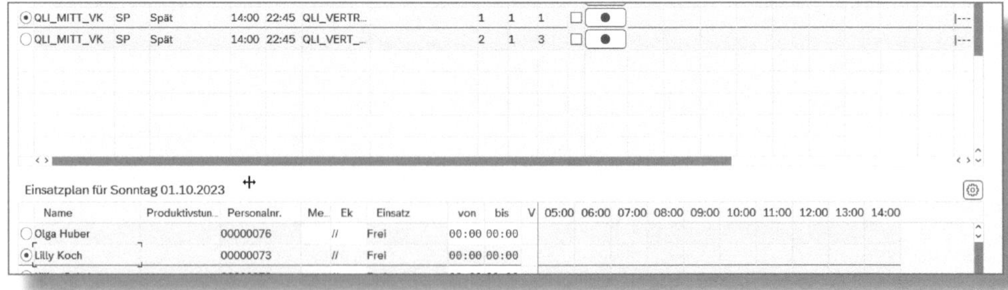

Abbildung 3.55: Auswahl von Bedarf und Mitarbeitern

Im Anschluss klicken Sie auf Zuordnung in der System- und Anwendungsfunktionsleiste, und es erscheint das Fenster AUFTEILUNG DER BEDARFSZUORDNUNG (siehe Abbildung 3.56).

Aufteilung der Bedarfszuordnung

Bedarf wird zugeordnet	Lilly Koch
im Zuordnungsintervall	FR < 05:30 - 14:15

Ausgewählter Bedarf

Einsatzzeit	05:30 - 14:15 FR Früh
Bedarfsart	Wochenende

Optionen : Anpassung durch Verschiebung, Bedarfsdeckung <= 100...

✓ Optionen einblenden ✕

Abbildung 3.56: Aufteilung der Bedarfszuordnung

Diese können Sie mit `Enter` oder mit ✓ beenden.

In der Folge sehen Sie den dem Mitarbeiter zugeordneten Bedarf (siehe Abbildung 3.57).

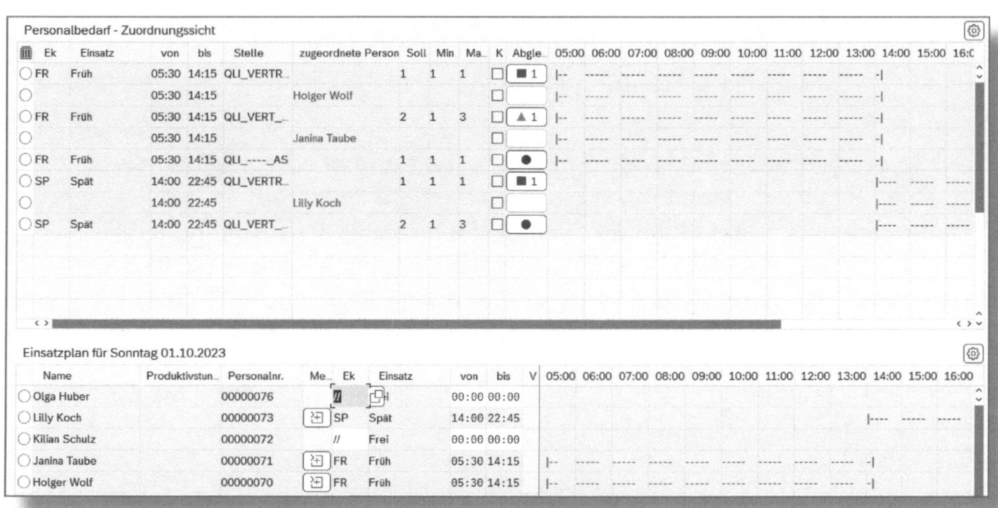

Abbildung 3.57: Zuordnungen in der Tagessicht

☛ Zeitliche Abänderung der Bedarfszuordnung und deren Folgen

Wenn Sie, wie in Abbildung 3.56 dargestellt, einen Mitarbeiter einem Bedarf zugeordnet haben, könnten Sie nach Klick auf [<] die Bedarfszuordnung zeitlich abändern. Dies ist vor allem dann sinnvoll, wenn Sie einen Uhrzeitbedarf nutzen möchten. Klicken Sie jedoch noch einmal auf das Icon [>], wird das Einsatzkürzel nicht wiederhergestellt. Es ist eine Raute zu sehen, die im Folgenden auch auf der Plantafel erscheint (siehe Abbildung 3.58). Dies ergibt eigentlich keinen Sinn.

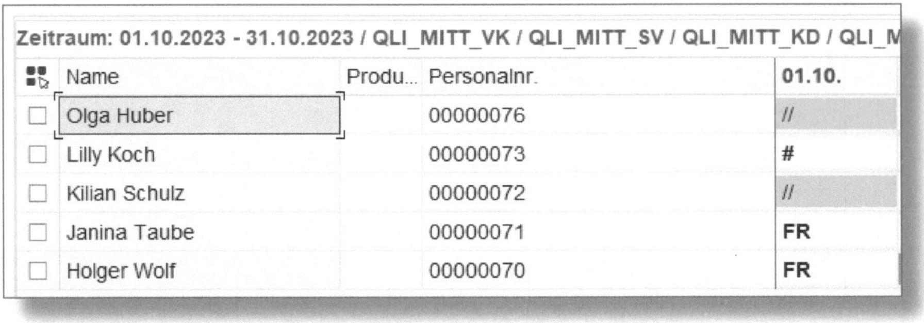

Zeitraum: 01.10.2023 - 31.10.2023 / QLI_MITT_VK / QLI_MITT_SV / QLI_MITT_KD / QLI_M

	Name	Produ...	Personalnr.	01.10.
☐	Olga Huber		00000076	//
☐	Lilly Koch		00000073	#
☐	Kilian Schulz		00000072	//
☐	Janina Taube		00000071	FR
☐	Holger Wolf		00000070	FR

Abbildung 3.58: Raute als Einsatz

Mit der gedrehten Bedarfssicht sollten Sie sich unbedingt näher auseinandersetzen, da sie Ihnen interessante Funktionalitäten bietet. Unter anderem merkt sich das System die letzte Bedarfszuordnung im Hintergrund. Haben Sie als Letztes eine Frühschicht zugeordnet, steht diese im Speicher. Nun markieren Sie in der Folge nur noch die Mitarbeiterzeile und klicken auf die rechte Maustaste. Im Anschluss wählen Sie aus dem in Abbildung 3.59 dargestellten Kontextmenü MITARBEITER AUF BEDARF ZUORDNEN, wodurch die Zuweisung auf den letzten gewählten Bedarf stattfindet.

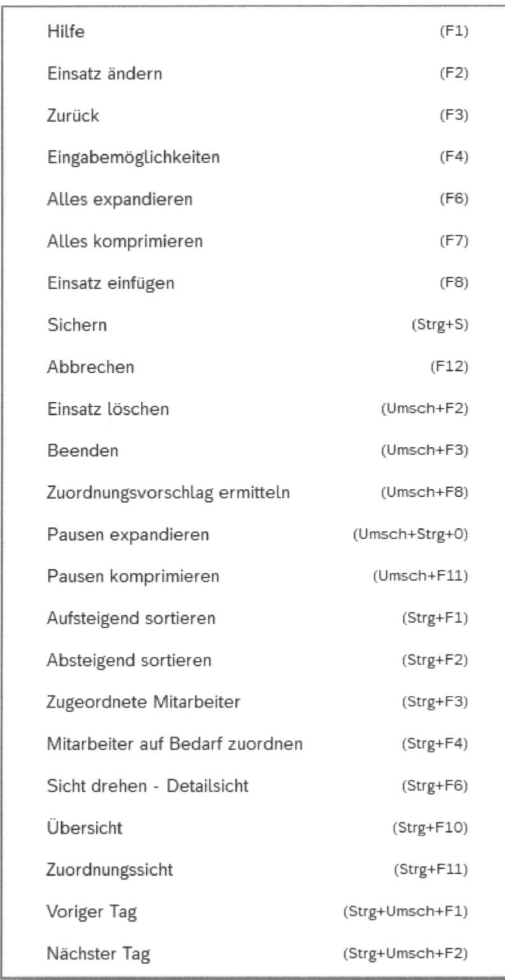

Abbildung 3.59: Kontextmenü

Wenn Sie das Kontextmenü näher betrachten, bietet Ihnen die rechte Maustaste noch weitere interessante Aktivitäten. Das Gleiche gilt für die dort verzeichneten Tastenkombinationen.

Sie können auf dieser Ebene noch zusätzliche Einsätze erfassen, die sonst nur in den Tagesdetails zur Verfügung stehen (siehe Abschnitt 2.3.2). Ebenso können Sie diese auch löschen.

Für diese beiden Aktivitäten nutzen Sie die Symbole ⊕ ⊖.

Es öffnen sich die zusätzlichen Einsätze, Sie wählen einen Einsatz aus und passen die Uhrzeit an (siehe Abbildung 3.60).

Einsatzplan für Sonntag 01.10.2023

Name	Produktivstun...	Personalnr.	Me...	Ek	Einsatz	von	bis	V	05:00	06:00	07:00	08:00	09:00	10:00	11:00	12:00	13:00	14:00
Olga Huber		00000076		//	Frei	00:00	00:00											
				T	Seminar/Kurs	12:00	13:00											

Abbildung 3.60: Eingabe zusätzlicher Einsätze

Markieren Sie einen Einsatz auf der Mitarbeiterzeile und klicken auf das Minus-Icon (⊖), wird er gelöscht.

3.4 Fazit

Die Möglichkeiten, Bedarfe anzulegen und zuzuordnen, sind so vielfältig, dass man dadurch häufig das eigentliche Ziel aus den Augen verliert. In der Praxis kommen Einsatzplaner sehr oft mit quantitativen Bedarfen pro Schicht gut aus. Nur wenige nutzen qualitative Uhrzeitbedarfe, welche die Möglichkeit bieten, Zeitintervalle mit den geeigneten Mitarbeitern zu besetzen. Dies ist in einem Produktionsbereich oder im Retail sehr von Vorteil, z. B. wenn Sie in einem Supermarkt einem Mitarbeiter in seiner Schicht unterschiedliche Aufgaben zuweisen wollen. Es kann dann so aussehen: zwei Stunden Kasse, gefolgt von drei Stunden in den Kühlbereichen, um die Molkereiprodukte aufzufüllen, und zum Abschluss der Schicht die Reinigung der Leergutautomaten. Die SAP-Personaleinsatzplanung kann solche Szenarien umsetzen, allerdings ist dies vergleichsweise aufwendig.

4 Auswertungen

Die Auswertungen innerhalb der SAP-Personaleinsatzplanung geben Auskunft über den Arbeitszeitplan, die An- bzw. Abwesenheiten und über die Zeitkonten eines jeden Mitarbeiters oder der gesamten Organisationseinheit. Auch können alle Informationen des Einsatzplans, wie er im Dialog zu sehen ist, angedruckt werden.

Auswertungen können Sie direkt aus der SAP-Personaleinsatzplanung aufrufen. Die Erfahrung zeigt, dass gerade in der Personaleinsatzplanung – und zwar allen Möglichkeiten der Informationstechnologie zum Trotz – der Ausdruck auf Papier noch immer sehr häufig genutzt wird. Dabei ist es egal, ob es um organisationsübergreifende oder personenbezogene Daten geht. Im Folgenden zeige und erkläre ich Ihnen die vier wichtigsten Standardauswertungen der Personaleinsatzplanung:

- **Persönlicher Einsatzplan** – Auflistung der Einsätze eines Mitarbeiters in einem frei wählbaren Zeitraum
- **Anwesenheitsliste** – Liste aller Mitarbeiter einer ausgewählten Organisationseinheit mit vielen Anzeigemöglichkeiten
- **Abordnungsliste** – nicht direkt über die Personaleinsatzplanung aufrufbar (hat in meinen Augen keinen Mehrwert; Sie als Planer wissen, welche Mitarbeiter Sie abgeordnet haben)
- **Zeitnachweisliste** – zusammengefasste Darstellung der Zeitauswertungsergebnisse
- **Ausdruck Einsatzplan bzw. Bedarfsabgleich** – Komplettdarstellung aller Mitarbeiter und Einsätze inklusive weiterer Zusatzinformationen innerhalb eines Planungszeitraums sowie Bedarfsabgleichs

Die Auswertungen des persönlichen Einsatzplans und der Anwesenheitsliste basieren auf der Aufbereitung von Listen in SAP. Diese werden ALV-Listen genannt und sollen im folgenden Kapitel zuerst erläutert werden, um Ihnen das nötige Grundwissen zu vermitteln.

4.1 SAP ABAP List Viewer

Der SAP ABAP List Viewer (ALV) bietet vielfältige Darstellungsmöglichkeiten von Auswertungen. An dieser Stelle möchte ich Ihnen in Kürze die Grundfunktionalitäten darlegen, da meines Erachtens diese Listendarstellungen viele Anforderungen von Einsatzplanern erfüllen.

SAP List Viewer

Ausführliche Informationen zur Verwendung des ALV finden Sie in der SAP-Dokumentation (*http://help.sap.com*) unter SAP GUI • SAP-GUI-TECHNOLOGIE • SAP LIST VIEWER (ALV)

Mit dem ALV können Sie Listen nach Ihren persönlichen Voreinstellungen gestalten: von der Standarddarstellung mit fixierten vorgegebenen Spalten bis hin zur Ausgabe im MS-Excel-Format. Über die Schaltfläche LAYOUT ÄNDERN (siehe Abbildung 4.1) gelangen Sie in das entsprechende Dialogfenster (siehe Abbildung 4.2).

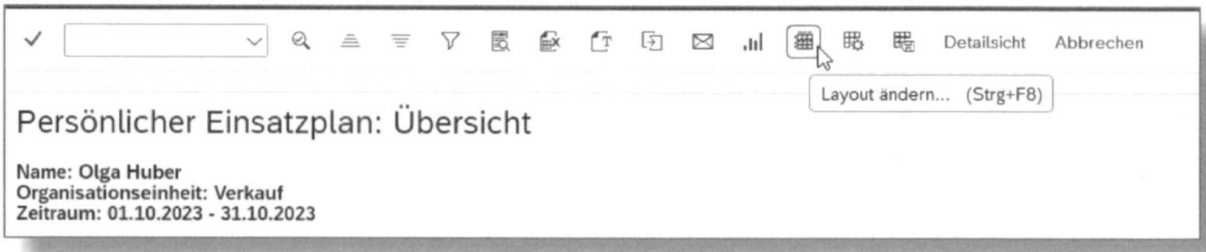

Abbildung 4.1: Änderung des Layouts einer Liste

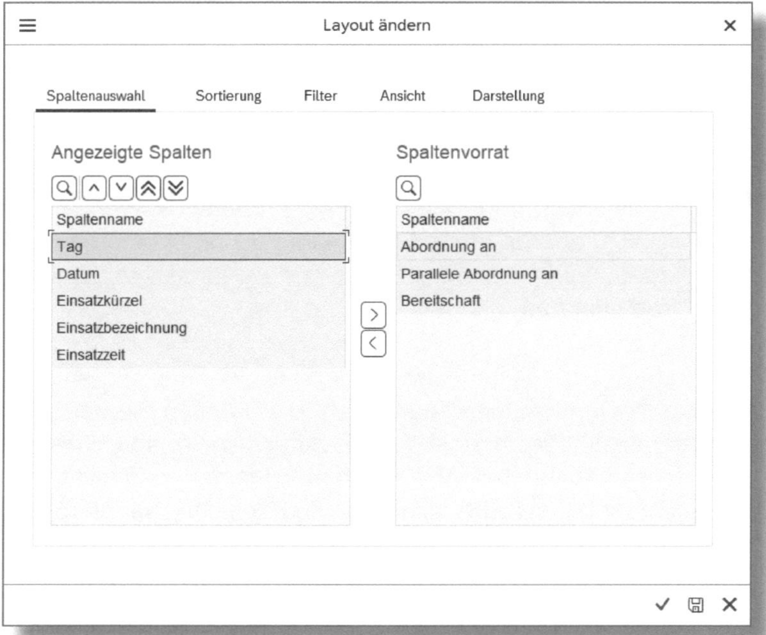

Abbildung 4.2: Detailfenster »Layoutänderung«

Hier haben Sie über die verschiedenen Reiter die Möglichkeit, Spalten in einer Auswertung anzuzeigen oder auszublenden. Ein Doppelklick auf einen Spaltennamen verschiebt die jeweilige Spalte in das Feld der ANGEZEIGTEN SPALTEN oder in den SPALTENVORRAT. Dasselbe Ergebnis erzielen Sie, wenn Sie die gewünschte Spaltenbezeichnung markieren und auf das entsprechende Pfeilsymbol – [<] oder [>] – klicken.

! Datum niemals ausblenden!

Beim Ein- bzw. Ausblenden von Spalten im ALV sollten Sie niemals auf das Datum verzichten bzw. dieses ausblenden und als voreingestellte Variante abspeichern (siehe Abbildung 4.5). Andernfalls sehen Sie, wenn Sie zu einem späteren Zeitpunkt Abordnungen in der Personaleinsatzplanung löschen möchten (siehe Abschnitt 2.3.2), als Resultat dieser Spaltenkonfiguration eine leere Abordnungsliste. Das liegt daran, dass der ALV dort die gleiche Spaltenkonfiguration verwendet.

Des Weiteren können Sie die SORTIERUNG der angezeigten Spalten verändern (siehe Abbildung 4.2). Dies ist in einem persönlichen Einsatzplan meist unnötig, aber in einer Anwesenheitsliste einer Organisationseinheit durchaus sinnvoll, wenn Sie etwa nach Einsatzkürzeln oder Stellen sortieren möchten.

Unter dem Reiter FILTER lassen sich die Inhalte der angezeigten Spalten nach bestimmten Kriterien selektieren. Das können Sie beispielsweise nutzen, wenn Sie in eine Anwesenheitsliste einen Filter für bestimmte Einsatzkürzel bei Abwesenheit (Urlaub, Krankheit) oder spezifische Schichtkürzel (Frühschicht, Spätschicht, Nachtschicht) einbauen möchten.

Unter dem Reiter ANSICHT können Sie die BEVORZUGTE ANSICHT einstellen. In Abbildung 4.3 ist der *SAP List Viewer* ausgewählt, genauso gut könnten Sie sich die Liste im Format *Microsoft Excel* anzeigen lassen.

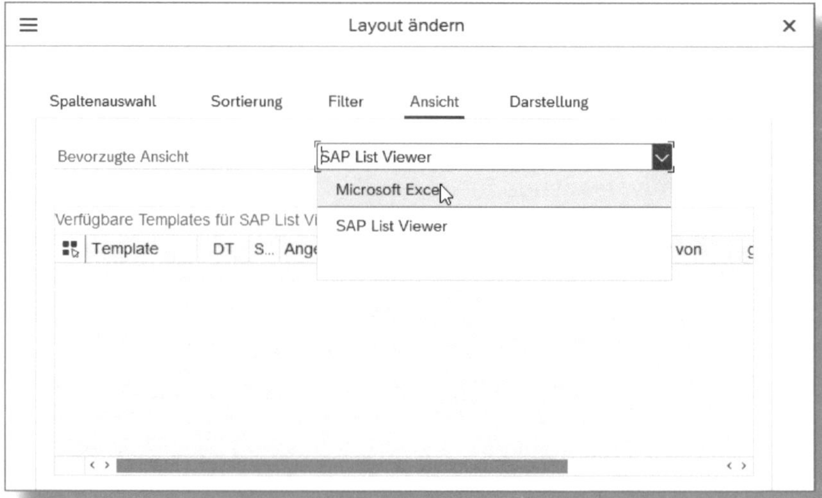

Abbildung 4.3: Ansichtsauswahl »SAP List Viewer«

Der letzte Reiter auf der rechten Seite ermöglicht Ihnen, die DARSTELLUNG der SAP-Liste zu verändern (siehe Abbildung 4.4). Sie können hier z. B. alle Trennlinien (horizontal oder vertikal) ausblenden oder ein Streifenmuster für die Zeilendarstellung wählen.

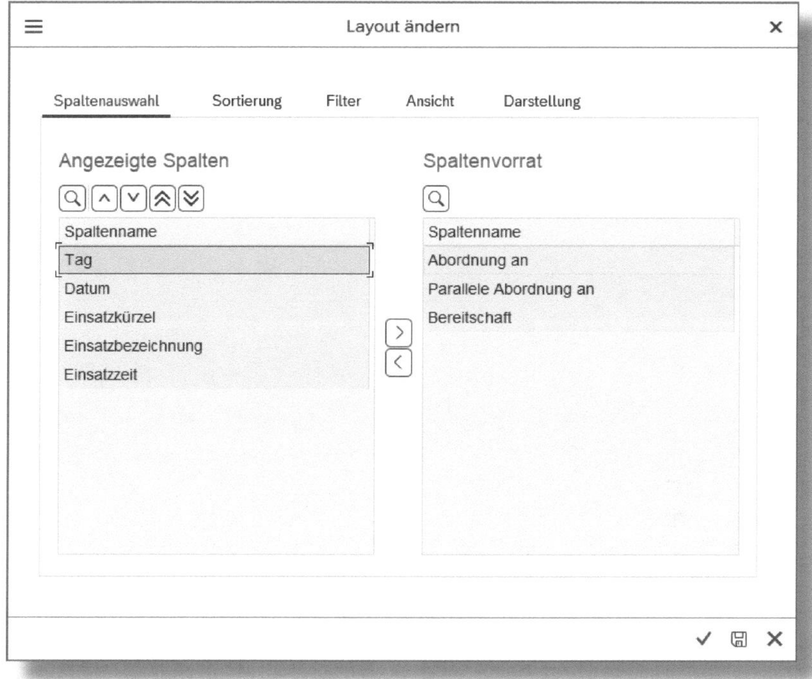

Abbildung: 4.4: Layout ändern

Haben Sie die ALV-Liste nach Ihren persönlichen Vorstellungen gestaltet, können Sie diese Einstellungen dauerhaft abspeichern – die Liste erscheint dann beim Einstieg jedes Mal in dieser Form. Klicken Sie zu diesem Zweck auf die Schaltfläche 🖫 (LAYOUT SICHERN). Sie können eine benutzerübergreifende oder benutzerspezifische Speicherung vornehmen (siehe Abbildung 4.5). Beachten Sie, dass benutzerübergreifende Voreinstellungen mit einem Slash (»/«) beginnen müssen.

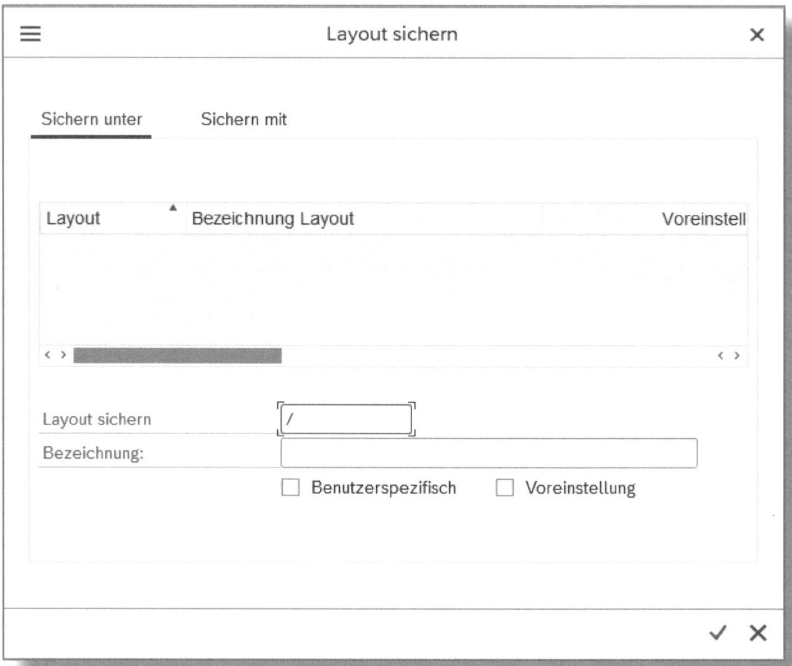

Abbildung 4.5: Layout sichern

Benutzerübergreifende Speicherung genau abwägen

Benutzerübergreifende Listeneinstellungen verändern die Darstellung bei allen Nutzern, die keine eigene Darstellungsvariante gesichert haben. Daher sollten Sie genau abwägen, ob Sie Voreinstellungen benutzerübergreifend abspeichern möchten.

Nachdem ich Ihnen die wichtigsten Funktionen des ALV erläutert habe, gehe ich nun genauer auf die Auswertung für den persönlichen Einsatzplan ein.

4.2 Persönlicher Einsatzplan

Diese Auswertung gibt den persönlichen Einsatzplan eines Mitarbeiters für den gewählten Zeitraum aus. Diesen kann der Einsatzplaner für seine Mitarbeiter zur Übersicht ausdrucken. Sie markieren hierzu im Einsatzplan eine Person und wählen im Menü, wie in Abbildung 4.6 dargestellt, AUSWERTUNGEN • PERSÖNL. EINSATZPLAN oder nutzen die Tastenkombination `Strg` + `F11`.

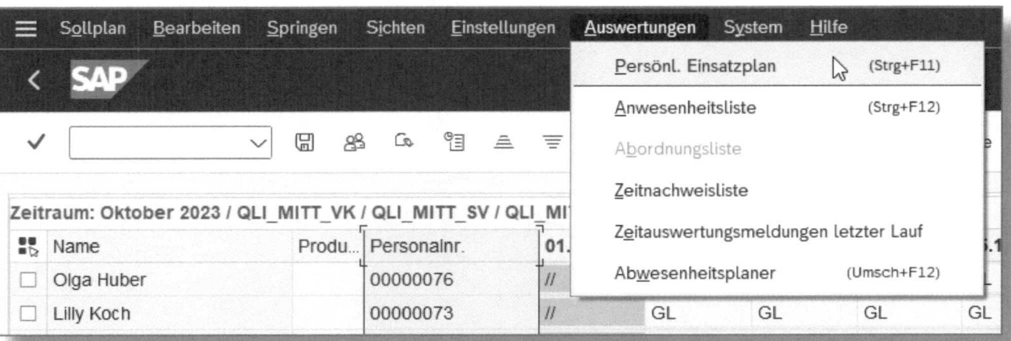

Abbildung 4.6: Aufruf eines persönlichen Einsatzplans

4.2.1 Die Übersicht

Die Übersicht zeigt die täglichen Einsätze und Abwesenheiten des ausgewählten Mitarbeiters (siehe Abbildung 4.7).

Persönlicher Einsatzplan: Übersicht

Name: Olga Huber
Organisationseinheit: Verkauf
Zeitraum: 01.10.2023 - 31.10.2023

T...	Datum	Ek	Einsatzbezeichnu...	Einsatzzeit
So	01.10.2023	//	Frei	
Mo	02.10.2023	GL	Gleitzeit	08:00-17:00
Di	03.10.2023		arbeitsfrei	
Mi	04.10.2023	GL	Gleitzeit	08:00-17:00
Do	05.10.2023	GL	Gleitzeit	08:00-17:00
Fr	06.10.2023	GLB	Gleitzeit	08:00-13:00
Sa	07.10.2023	//	Frei	
So	08.10.2023	//	Frei	
Mo	09.10.2023	GL	Gleitzeit	08:00-17:00
Di	10.10.2023	GL	Gleitzeit	08:00-17:00
Mi	11.10.2023	GL	Gleitzeit	08:00-17:00
Do	12.10.2023	GL	Gleitzeit	08:00-17:00
Fr	13.10.2023	GLB	Gleitzeit	08:00-13:00
Sa	14.10.2023	//	Frei	
So	15.10.2023	//	Frei	
Mo	16.10.2023	GL	Gleitzeit	08:00-17:00
Di	17.10.2023	GL	Gleitzeit	08:00-17:00
Mi	18.10.2023	GL	Gleitzeit	08:00-17:00
Do	19.10.2023	GL	Gleitzeit	08:00-17:00
Fr	20.10.2023	GLB	Gleitzeit	08:00-13:00

Abbildung 4.7: Persönlicher Einsatzplan in der Übersicht

Gemäß den in Abschnitt 4.1 beschriebenen Einstellungen stehen Ihnen beim Erstaufruf des persönlichen Einsatzplans die folgenden Spalten zur Verfügung:

- Tag (T...)
- DATUM
- Einsatzkürzel (EK)
- EINSATZBEZEICHNUNG
- EINSATZZEIT

Ferner ließen sich zudem noch drei weitere Spalten einblenden:

- ABORDNUNG AN
- PARALLELE ABORDNUNG AN
- BEREITSCHAFT

4.2.2 Die Detailsicht

Auf der Übersichtsebene gelangen Sie in die DETAILSICHT über den gleichnamigen Button (siehe Abbildung 4.8).

Abbildung 4.8: Aufruf der Detailsicht

In dieser Sicht sind die folgenden zusätzlichen Spalten dargestellt:

- Stunden
- Abordnungen an
- Parallele Abordnungen an
- Vertretung
- Kommentar
- Abwesenheit
- Stunden (der Abwesenheit)
- Anwesenheit
- Stunden (der Anwesenheit)
- Bereitschaft
- Bedarfszuordnung
- Originaleinsatz

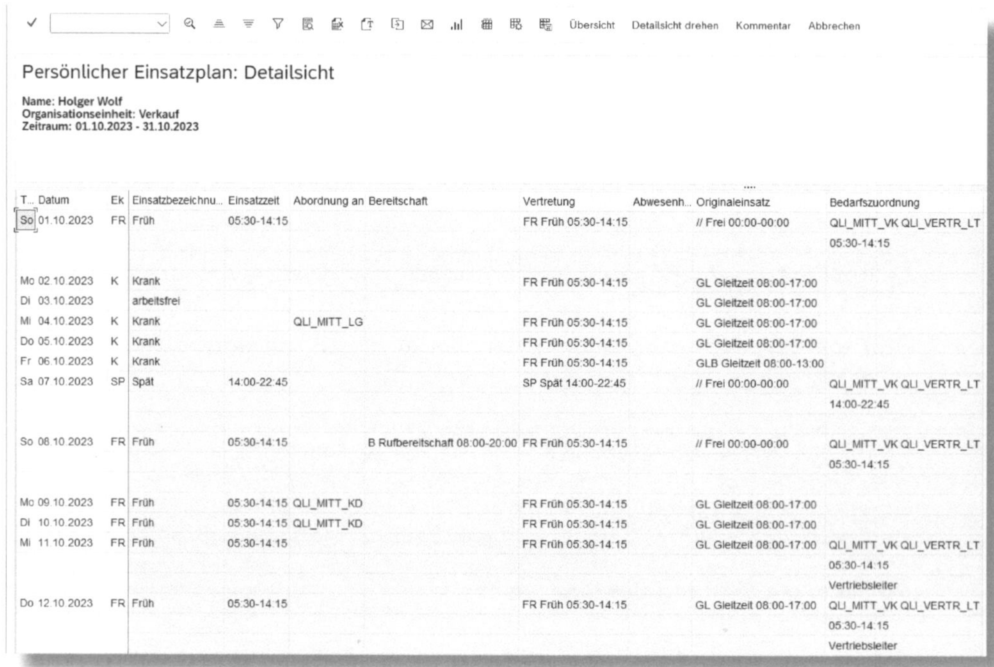

Übersicht Detailsicht drehen Kommentar Abbrechen

Persönlicher Einsatzplan: Detailsicht

Name: Holger Wolf
Organisationseinheit: Verkauf
Zeitraum: 01.10.2023 - 31.10.2023

T...	Datum	Ek	Einsatzbezeichnu...	Einsatzzeit	Abordnung an	Bereitschaft	Vertretung	Abwesenh...	Originaleinsatz	Bedarfszuordnung
So	01.10.2023	FR	Früh	05:30-14:15			FR Früh 05:30-14:15		// Frei 00:00-00:00	QLI_MITT_VK QLI_VERTR_LT 05:30-14:15
Mo	02.10.2023	K	Krank				FR Früh 05:30-14:15		GL Gleitzeit 08:00-17:00	
Di	03.10.2023		arbeitsfrei						GL Gleitzeit 08:00-17:00	
Mi	04.10.2023	K	Krank		QLI_MITT_LG		FR Früh 05:30-14:15		GL Gleitzeit 08:00-17:00	
Do	05.10.2023	K	Krank				FR Früh 05:30-14:15		GL Gleitzeit 08:00-17:00	
Fr	06.10.2023	K	Krank				FR Früh 05:30-14:15		GLB Gleitzeit 08:00-13:00	
Sa	07.10.2023	SP	Spät	14:00-22:45			SP Spät 14:00-22:45		// Frei 00:00-00:00	QLI_MITT_VK QLI_VERTR_LT 14:00-22:45
So	08.10.2023	FR	Früh	05:30-14:15		B Rufbereitschaft 08:00-20:00	FR Früh 05:30-14:15		// Frei 00:00-00:00	QLI_MITT_VK QLI_VERTR_LT 05:30-14:15
Mo	09.10.2023	FR	Früh	05:30-14:15	QLI_MITT_KD		FR Früh 05:30-14:15		GL Gleitzeit 08:00-17:00	
Di	10.10.2023	FR	Früh	05:30-14:15	QLI_MITT_KD		FR Früh 05:30-14:15		GL Gleitzeit 08:00-17:00	
Mi	11.10.2023	FR	Früh	05:30-14:15			FR Früh 05:30-14:15		GL Gleitzeit 08:00-17:00	QLI_MITT_VK QLI_VERTR_LT 05:30-14:15 Vertriebsleiter
Do	12.10.2023	FR	Früh	05:30-14:15			FR Früh 05:30-14:15		GL Gleitzeit 08:00-17:00	QLI_MITT_VK QLI_VERTR_LT 05:30-14:15 Vertriebsleiter

Abbildung 4.9: Persönlicher Einsatzplan in der Detailsicht

Sind zu einem Einsatzkürzel in der Detailpflege (siehe Abschnitt 2.3.2) Kommentare hinterlegt worden, so sehen Sie diese verkürzt in der entsprechenden Spalte (siehe Abbildung 4.9). Markieren Sie die Zeile mit dem Kommentar, und klicken Sie auf den Button Kommentar im Kopfbereich des persönlichen Einsatzplans. Es erscheint dann der vollständige Kommentar zu diesem Einsatz (siehe Abbildung 4.10).

Abbrechen

1 Heute geplant als Schichtleitung

Abbildung 4.10: Kommentar im persönlichen Einsatzplan

Nach einem Klick auf dem Button Detailsicht drehen (siehe Abbildung 4.9) werden Ihnen dieselben Daten in einer anderen Sicht präsentiert. Die einzelnen Tage stehen jetzt nicht mehr untereinander, sondern nebeneinander (siehe Abbildung 4.11).

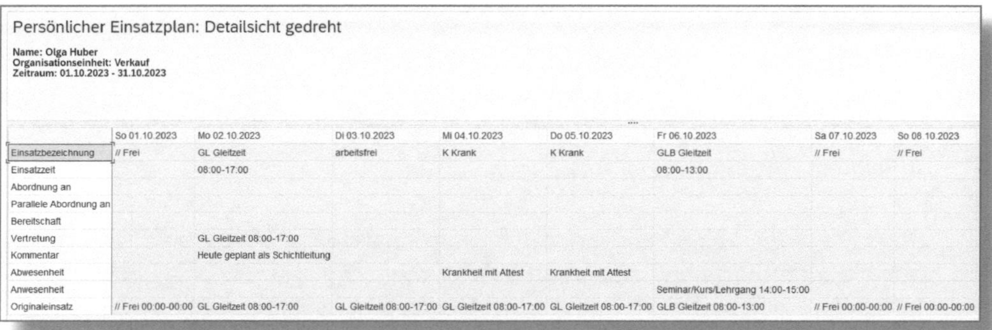

Persönlicher Einsatzplan: Detailsicht gedreht

Name: Olga Huber
Organisationseinheit: Verkauf
Zeitraum: 01.10.2023 - 31.10.2023

	So 01.10.2023	Mo 02.10.2023	Di 03.10.2023	Mi 04.10.2023	Do 05.10.2023	Fr 06.10.2023	Sa 07.10.2023	So 08.10.2023
Einsatzbezeichnung	// Frei	GL Gleitzeit	arbeitsfrei	K Krank	K Krank	GLB Gleitzeit	// Frei	// Frei
Einsatzzeit		08:00-17:00				08:00-13:00		
Abordnung an								
Parallele Abordnung an								
Bereitschaft								
Vertretung		GL Gleitzeit 08:00-17:00						
Kommentar		Heute geplant als Schichtleitung						
Abwesenheit				Krankheit mit Attest	Krankheit mit Attest			
Anwesenheit						Seminar/Kurs/Lehrgang 14:00-15:00		
Originaleinsatz	// Frei 00:00-00:00	GL Gleitzeit 08:00-17:00	GL Gleitzeit 08:00-17:00	GL Gleitzeit 08:00-17:00	GL Gleitzeit 08:00-17:00	GLB Gleitzeit 08:00-13:00	// Frei 00:00-00:00	// Frei 00:00-00:00

Abbildung 4.11: Persönlicher Einsatzplan in gedrehter Detailsicht

Mit Abbrechen (siehe Abbildung 4.9) verlassen Sie die Auswertung und gelangen zurück zur Planungsoberfläche.

4.3 Anwesenheitsliste

Die Anwesenheitsliste dient dem Planer in erster Linie zur Übersicht über die Einsätze der Mitarbeiter in den einzelnen zu planenden Einheiten. Es wird im Zuge der Auswertung eine Liste von Personen für den gewählten Zeitraum erstellt. Sie rufen die Anwesenheitsliste in der Personaleinsatzplanung über den Menüpfad AUSWERTUNGEN • ANWESENHEITSLISTE (siehe Abbildung 4.12) oder über die Tastenkombination Strg + F12 auf.

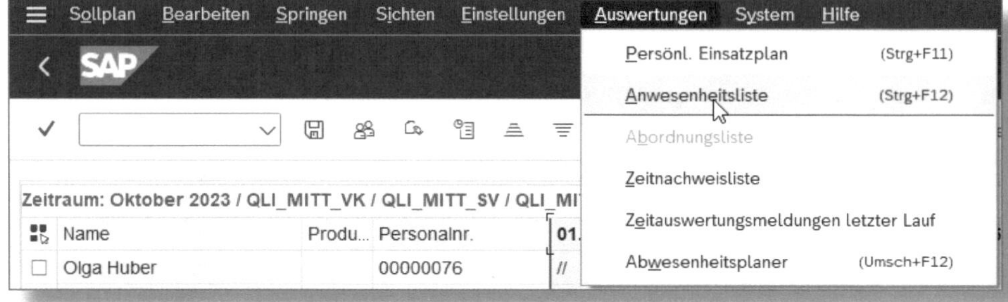

Abbildung 4.12: Aufruf der Anwesenheitsliste

Selektieren Sie keine Tagesspalte, so werden Ihnen alle Tage des Planungszeitraums (siehe Abschnitt 2.1.3) angezeigt. Durch Tagesspaltenmarkierung und den Aufruf der Anwesenheitsliste gelangen Sie zum ausgewählten Tag (siehe Abbildung 4.13).

Anwesenheitsliste: Übersicht

Zeitraum: 05.10.2023 - 05.10.2023

T...	Datum	Name	Organisationseinh...	Ek	Einsatzbezeichnu...	Einsatzzeit
Do	05.10.2023	Huber	QLI_MITT_LG	K	Krank	
Do	05.10.2023	Koch	QLI_MITT_KD	GL	Gleitzeit	08:00-17:00
Do	05.10.2023	Schulz	QLI_MITT_SV	GL	Gleitzeit	08:00-17:00
Do	05.10.2023	Taube	QLI_MITT_VK	SP	Spät	14:00-22:45
Do	05.10.2023	Wolf	QLI_MITT_VK	K	Krank	

Abbildung 4.13: Anwesenheitsliste in der Übersicht

Auch hier gibt es, wie in Abschnitt 4.1 beschrieben, verschiedene Spaltenansichten.

Bei Erstaufruf sehen Sie im SAP-Standard immer die Spalten

- Tag (T...)
- DATUM
- NAME
- Organisationseinheit (ORGANISATIONSEINH...)
- Einsatzkürzel (EK)
- Einsatzbezeichnung (EINSATZBEZEICHNU...)
- EINSATZZEIT

Folgende weitere Spalten stehen Ihnen in der Übersicht zur Verfügung:

- ABORDNUNG AN
- PARALLELE ABORDNUNG AN
- BEREITSCHAFT
- SYSTEMDATUM
- PERSONALNUMMER
- PLANSTELLE
- PLANSTELLE TEXT

Ebenso wie beim persönlichen Einsatzplan gibt es auch in der Anwesenheitsliste eine Detailsicht, in der zusätzliche Spalten zu sehen sind (siehe Abbildung 4.14):

- VERTRETUNG
- ABWESENHEIT
- Anwesenheit (ANWESENH...)
- ORIGINALEINSATZ
- Kommentar (KOMMENT...)

Anwesenheitsliste: Detailsicht

Zeitraum: 05.10.2023 - 05.10.2023

T...	Datum	Name	Organisationseinh...	Ek	Einsatzbezeichnu...	Einsatzzeit	Vertretung	Abwesenheit	Anwesenh...	Originaleinsatz	Komment...	Bereitsch...
Do	05.10.2023	Olga Huber	Lager	K	Krank			Krankheit mit Attest		Gleitzeit 08:00-17:00		
Do	05.10.2023	Lilly Koch	Kundendienst	GL	Gleitzeit	08:00-17:00				Gleitzeit 08:00-17:00		
Do	05.10.2023	Kilian Schulz	Service	GL	Gleitzeit	08:00-17:00				Gleitzeit 08:00-17:00		
Do	05.10.2023	Janina Taube	Verkauf	SP	Spät	14:00-22:45	Spät 14:00-22:45			Gleitzeit 08:00-17:00		
Do	05.10.2023	Holger Wolf	Verkauf	K	Krank		Früh 05:30-14:15	Krankheit mit Attest		Gleitzeit 08:00-17:00		

Abbildung 4.14: Anwesenheitsliste in der Detailsicht

Der Kommentar ist, wie in Abschnitt 4.2.2 beschrieben, wieder auf ein Minimum beschränkt, lässt sich aber im Detail vollständig darstellen.

> **☛ Gedrehte Sicht**
>
> Leider lässt sich anders als im persönlichen Einsatzplan die Sicht hier nicht drehen, was als Qualitätsverlust zu werten ist: Häufig erstellen Planer eine Wochen- oder Monatssicht auf Tagesbasis, wobei jeder einzelne Tag in einer Spalte dargestellt wird.

4.4 Zeitnachweis

Der Zeitnachweis ist eine Auswertung, die die wesentlichen Ergebnisse der Zeitauswertung in übersichtlicher Form für den Mitarbeiter aufbereitet. Hierfür müssen zwei Dinge berücksichtigt werden: die Zeitnachweisvariante und der Aufruf der Auswertung zum Zeitnachweis. Über den Menüpfad EINSTELLUNGEN • ZEITNACHWEISLISTE können Sie unterschiedliche Zeitnachweisvarianten anlegen, die später in Ihrer Auswertung zu sehen sein sollen (siehe Abbildung 4.15).

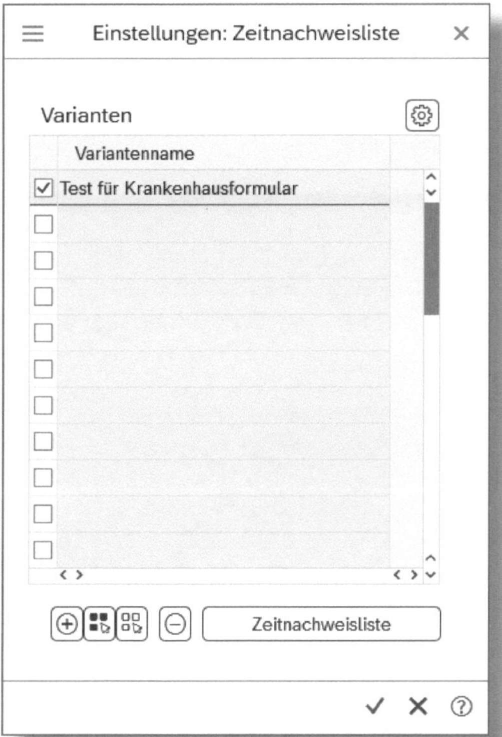

Abbildung 4.15: Einstellungen der Zeitnachweisliste

Hierzu klicken Sie auf die Zeile unter VARIANTENNAME und erhalten über die Wertehilfe die unter Ihrem Benutzer abgelegte Zeitnachweisvariante. Nach deren Auswahl und nach der Markierung der Zeile schließen Sie das Fenster.

Über den Menüpfad AUSWERTUNGEN • ZEITNACHWEISLISTE lösen Sie eine vorläufige Zeitauswertung aus. Dazu müssen Sie im Vorfeld diejenige Mitarbeiterzeile markieren, die Sie auswerten möchten. Wählen Sie keinen Mitarbeiter unmittelbar aus, so wird eine Zeitauswertung für die komplette Personaleinsatzplanungsgruppe vorgenommen. Sie sehen einen Hinweis auf die gerade durchgeführte Zeitauswertung (siehe Abbildung 4.16).

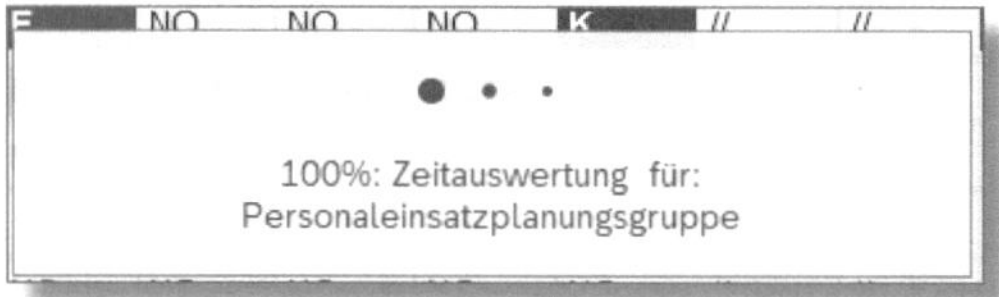

Abbildung 4.16: Informationen über die Zeitauswertung

Im Anschluss erscheint ein Zeitnachweis mit den detaillierten Tagesergebnissen, generierten Lohnarten, Abwesenheitskontingentinformationen und vielem mehr (siehe Abbildung 4.17). Sie können diesen nun über (Drucken) ausdrucken lassen.

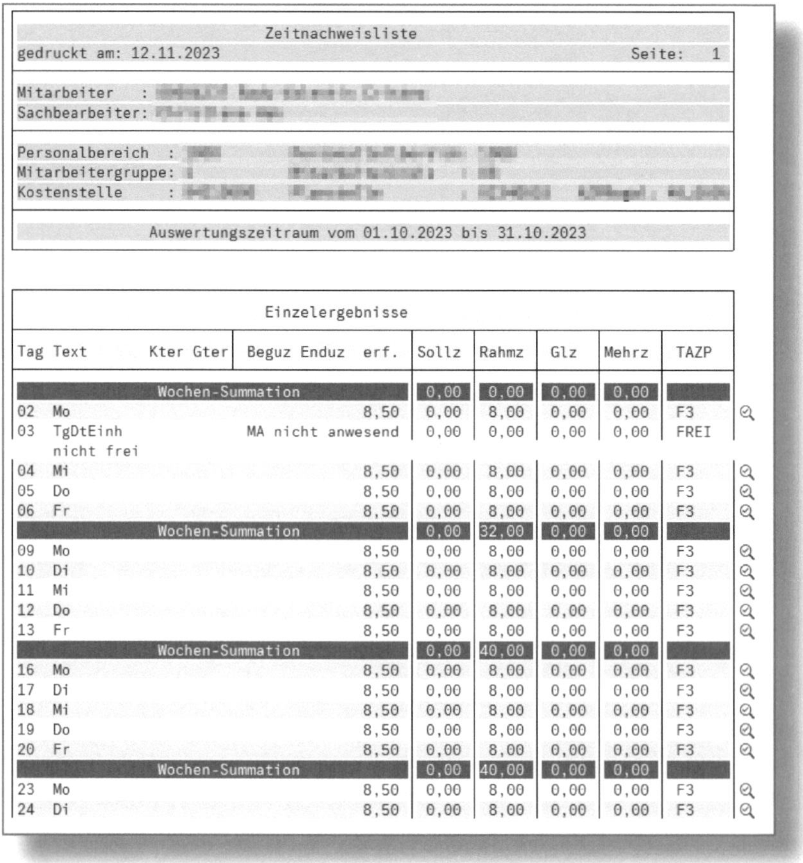

Zeitnachweisliste

gedruckt am: 12.11.2023 Seite: 1

Mitarbeiter :
Sachbearbeiter:

Personalbereich :
Mitarbeitergruppe:
Kostenstelle :

Auswertungszeitraum vom 01.10.2023 bis 31.10.2023

Einzelergebnisse

Tag	Text	Kter Gter	Beguz Enduz erf.	Sollz	Rahmz	Glz	Mehrz	TAZP
	Wochen-Summation			0,00	0,00	0,00	0,00	
02	Mo		8,50	0,00	8,00	0,00	0,00	F3
03	TgDtEinh nicht frei		MA nicht anwesend	0,00	0,00	0,00	0,00	FREI
04	Mi		8,50	0,00	8,00	0,00	0,00	F3
05	Do		8,50	0,00	8,00	0,00	0,00	F3
06	Fr		8,50	0,00	8,00	0,00	0,00	F3
	Wochen-Summation			0,00	32,00	0,00	0,00	
09	Mo		8,50	0,00	8,00	0,00	0,00	F3
10	Di		8,50	0,00	8,00	0,00	0,00	F3
11	Mi		8,50	0,00	8,00	0,00	0,00	F3
12	Do		8,50	0,00	8,00	0,00	0,00	F3
13	Fr		8,50	0,00	8,00	0,00	0,00	F3
	Wochen-Summation			0,00	40,00	0,00	0,00	
16	Mo		8,50	0,00	8,00	0,00	0,00	F3
17	Di		8,50	0,00	8,00	0,00	0,00	F3
18	Mi		8,50	0,00	8,00	0,00	0,00	F3
19	Do		8,50	0,00	8,00	0,00	0,00	F3
20	Fr		8,50	0,00	8,00	0,00	0,00	F3
	Wochen-Summation			0,00	40,00	0,00	0,00	
23	Mo		8,50	0,00	8,00	0,00	0,00	F3
24	Di		8,50	0,00	8,00	0,00	0,00	F3

Abbildung 4.17: Zeitnachweisliste

4.5 Ausdruck des Einsatzplans

Sie können die Plantafel sowie den Bedarfsabgleich des Einsatzplans in zahlreichen Varianten ausgeben und Ihren Mitarbeitern, den einzelnen Abteilungsleitern usw. aushändigen. Diese Funktionalität finden Sie nicht im Menü des Einsatzplans unter AUSWERTUNGEN, sondern unter dem Menüpfad EINSTELLUNGEN • DRUCKOPTIONEN.

Sie haben dabei die Möglichkeit, in einem Dialogfenster vielfältige Druckoptionen für die Ausgabe der Plantafel oder des Bedarfsabgleichs auszuwählen (siehe Abbildung 4.18).

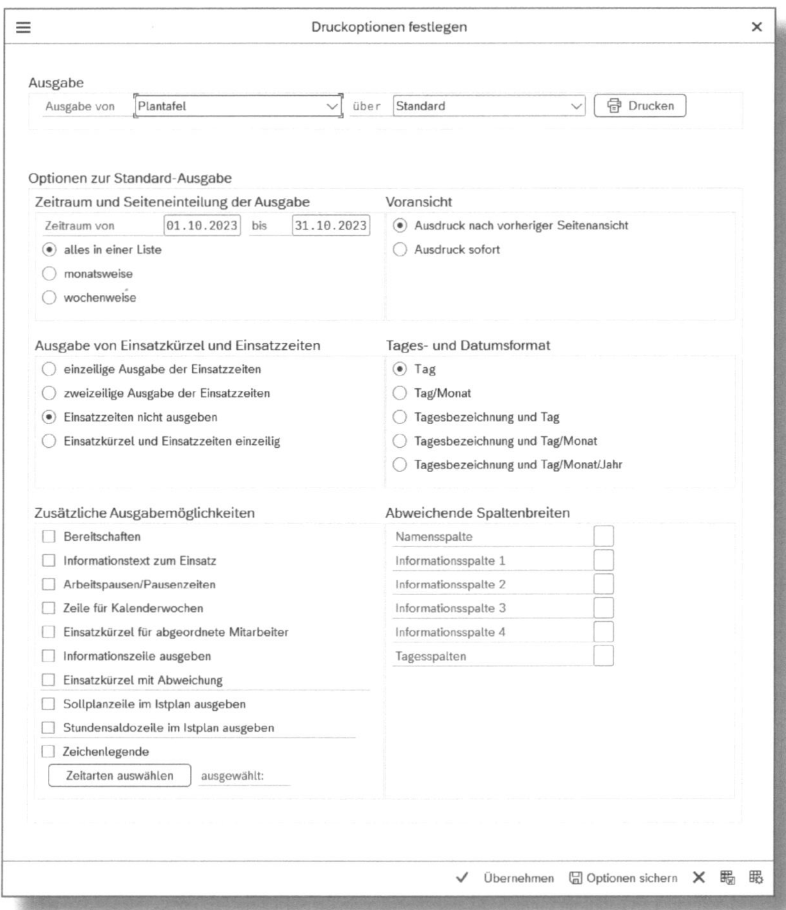

Abbildung 4.18: Druckoptionen im Standard

Zuerst legen Sie im Feld AUSGABE fest, welcher Ausgabegegenstand angezeigt oder ausgedruckt werden soll. Sie haben hier die Wahl zwischen der *Plantafel* und dem *Bedarfsabgleich*. Anschließend wählen Sie das Ausgabewerkzeug im Feld ÜBER aus. Hier können Sie entscheiden, ob die Ausgabe im *Standard* oder über *Microsoft Excel* erfolgen soll.

Je nachdem, welche Auswahl Sie getroffen haben, ändern sich die Druckoptionen. In unserem Beispiel sind die Optionen für den Ausdruck der Plantafel im Standard zu sehen.

Nachdem Sie die Ausgabeoptionen festgelegt haben, starten Sie über den Button DRUCKEN den Vorgang. Mit ÜBERNEHMEN oder ☒ (Abbrechen) verlassen Sie die Druckoptionen (siehe Abbildung 4.19).

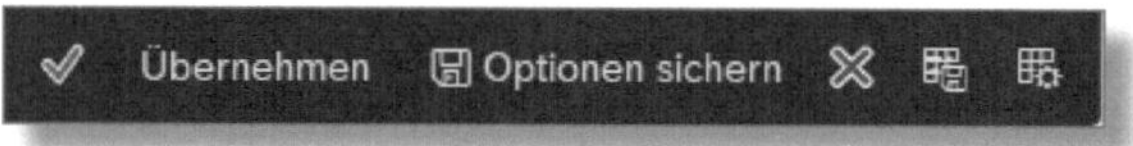

Abbildung 4.19: Druckoptionen übernehmen oder abbrechen

Über den Button OPTIONEN SICHERN bestimmen Sie, ob der Button DRUCKEN in der Funktionsleiste des Sollplans die Ausgabe der Plantafel als MS-Excel- oder Standardliste auslösen soll. Die festgelegten Druckoptionen werden dabei berücksichtigt. Auf den Bedarfsabgleich hat dieser Button keine Auswirkung.

Des Weiteren lassen sich die von Ihnen vorgenommenen Einstellungen in Varianten sichern. Diese können Sie BENUTZERSPEZIFISCH oder als STANDARD benutzerübergreifend ablegen (siehe Abbildung 4.20).

Abbildung 4.20: Dialogfenster »Druckoptionen als Variante sichern«

Die nachfolgenden Abschnitte gehen ausführlich auf die Druckoptionen in den einzelnen Ausgabevarianten ein.

4.5.1 Ausdruck der Plantafel im Standard

Sie haben die Möglichkeit, die Plantafel entweder für alle oder nur für ausgewählte Mitarbeiter auszugeben.

Um sie nur für einen Mitarbeiter auszugeben, selektieren Sie die entsprechende Mitarbeiterzeile im Einsatzplan. Mehrere Personen wählen Sie aus, indem Sie die `Strg`-Taste gedrückt halten und mit der Maus die entsprechenden Zeilen anklicken. Markieren Sie keinen Mitarbeiter, so werden alle in der Plantafel ausgegeben.

Mit der Plantafel im Standard stehen Ihnen für das Layout des Ausdrucks vielfältige Gestaltungsmöglichkeiten zur Verfügung (siehe Abbildung 4.18). Dies sind im Konkreten für die Ausgabe:

ZEITRAUM UND SEITENEINTEILUNG DER AUSGABE

An dieser Stelle beeinflussen Sie zunächst den Zeitraum, der ausgegeben wird. Er muss innerhalb des Einstiegszeitraums in den Einsatzplan liegen. Zusätzlich entscheiden Sie mithilfe der Radio-Buttons MONATSWEISE und WOCHENWEISE, ob ein Seitenvorschub nach einem Monats- oder Wochenwechsel erfolgen soll. Dies ist besonders dann sinnvoll, wenn Sie einen Zeitraum bestimmt haben, der mehr als einen Monat umfasst, oder wenn der Ausdruck über die Seitenbreite hinausgeht.

VORANSICHT

Mit dieser Option legen Sie fest, ob der Ausdruck erfolgt, ohne dass die entsprechende Seite vorher am Bildschirm eingeblendet wird.

AUSGABE VON EINSATZKÜRZEL UND EINSATZZEITEN

Bestimmen Sie hier das Layout für den Ausdruck der Einsatzkürzel und der Einsatzzeiten, so können Sie z. B. die Einsatzzeiten ausblenden.

TAGES- UND DATUMSFORMAT

Beachten Sie bei der Auswahl des Datumsformats, dass die im Feld ABWEICHENDE SPALTENBREITEN (siehe unten) gewählte Breite der Tagesspalte nicht kleiner als die Ausgabelänge des Datumsformats sein sollte. Das gewünschte Format wird andernfalls nicht voll ausgegeben.

ZUSÄTZLICHE AUSGABEMÖGLICHKEITEN

Sie haben die Möglichkeit, weitere Informationen in der Plantafel mit auszugeben, wie z. B. die Bereitschaftszeile, die Sollplanzeile im Istplan, eine Zeile mit den Kalenderwochen oder die Legende der Einsatzkürzel.

Die Option für die Anzeige der Stundensaldozeile steht Ihnen nur im Istplan zur Verfügung, aber auch nur dann, wenn die sofortige Aktualisierung von Informationsspalten unternehmensweit festgesetzt ist.

Wenn Mitarbeiter aufgrund von Zu- oder Abordnungen nicht verfügbar sind, so werden ihre Einsatzinformationen in den entsprechenden Zeiträumen nicht in der Übersicht angezeigt. Mithilfe des Kennzeichens EINSATZKÜRZEL FÜR ABGEORDNETE MITARBEITER lassen sich diese Einsatzinformationen im Ausdruck dennoch anzeigen. Haben Sie diese Funktion aktiviert, so wird an Tagen mit Abordnungen das Einsatzkürzel in eckigen Klammern ausgegeben (z. B. *[F]*).

Einschränkungen

Wenn Sie sich die Einsatzkürzel für abgeordnete Mitarbeiter anzeigen lassen, ist es nicht möglich, für den jeweiligen Mitarbeiter gleichzeitig Informationen zu Pausen oder Bereitschaften im Zeitraum der Abordnung auszugeben.

Die Option EINSATZKÜRZEL MIT ABWEICHUNG bewirkt, dass die Einsatzkürzel bei abweichender Startzeit oder einer Uhrzeitvertretung in einem speziellen Format ausgegeben werden. Beginnt z. B. eine Frühschicht zwei Stunden später als im Tagesarbeitszeitplan festgelegt, so erscheint diese Frühschicht als *FR+2* in der Ausgabe.

Über den Button ZEITARTEN AUSWÄHLEN können Sie Zeitarten aus der Zeitbewertung am Ende jeder Zeile ausgeben. Es werden Ihnen nur diejenigen Zeitarten zur Auswahl angeboten, die in den Informationsspalten für die Anzeige zur Verfügung stehen und die zudem in der Datenbank abgelegt sind. Haben Sie Zeitarten selektiert, so wird dies in den Druckoptionen durch einen grünen Haken im entsprechenden Feld angezeigt.

ABWEICHENDE SPALTENBREITEN

Mit dieser Option beeinflussen Sie die Ausgabebreite, indem Sie vom SAP-Standard abweichende Spaltenbreiten für den NAMEN, die INFORMATIONS- und TAGESspalten festlegen.

Die im Einsatzplan ausgewählten Informationsspalten werden immer mit angedruckt. Abbildung 4.21 zeigt ein Beispiel für die Ausgabe der Plantafel im Standard, wobei für das Layout die in Abbildung 4.18 dargestellten Optionen verwendet wurden.

Sollplan vom 01.10.2023 - 31.10.2023 (KW 39 - 44)
Organisationseinheiten: Verkauf (QLI_MITT_VK) / Service (QLI_MITT_SV) / Kundendienst (QLI_MITT_KD) /
Erstellt von SCHUETTLER , 12.11.2023

Zeitraum: 01.10.2023 - 31.10.2023

Mitarbeiter	Personalnr.	01	02	03	04	05	06	07	08	09	10	11	12	13	14	15
		SO	MO	DI	MI	DO	FR	SA	SO	MO	DI	MI	DO	FR	SA	SO
Olga Huber	00000076	//	GL	GL	K	K	GLB	//	//	GL	GL	GL	GL	GLB	//	//
Lilly Koch	00000073			GL												
Kilian Schulz	00000072	//	GL	GL	GL	GL	GLB	//	//	GL	GL	GL	GL	GLB	//	//
Janina Taube	00000071	FR	FR	GL	FR	SP	FR	SP	FR	SP	FR	FR	FR	FR	FR	FR
Holger Wolf	00000070				K					FR	FR					
		01 SO	02 MO	03 DI	04 MI	05 DO	06 FR	07 SA	08 SO	09 MO	10 DI	11 MI	12 DO	13 FR	14 SA	15 SO

Abbildung 4.21: Ausgabe der Plantafel im Standard

Abbildung 4.22 zeigt eine um die zweizeilige Darstellung der Einsatzzeiten, um Informationstexte zum Einsatz sowie die Zeichenlegende erweiterte Ausgabe.

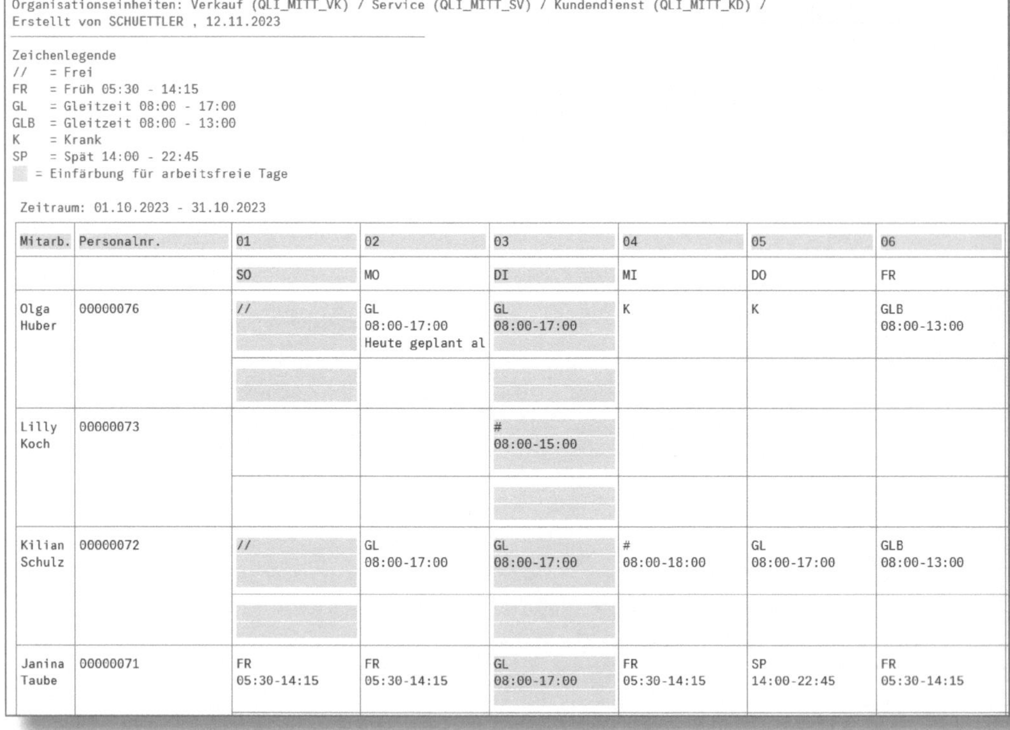

Sollplan vom 01.10.2023 - 31.10.2023 (KW 39 - 44)
Organisationseinheiten: Verkauf (QLI_MITT_VK) / Service (QLI_MITT_SV) / Kundendienst (QLI_MITT_KD) /
Erstellt von SCHUETTLER , 12.11.2023

Zeichenlegende
// = Frei
FR = Früh 05:30 - 14:15
GL = Gleitzeit 08:00 - 17:00
GLB = Gleitzeit 08:00 - 13:00
K = Krank
SP = Spät 14:00 - 22:45
= Einfärbung für arbeitsfreie Tage

Zeitraum: 01.10.2023 - 31.10.2023

Mitarb.	Personalnr.	01	02	03	04	05	06
		SO	MO	DI	MI	DO	FR
Olga Huber	00000076	//	GL 08:00-17:00 Heute geplant al	GL 08:00-17:00	K	K	GLB 08:00-13:00
Lilly Koch	00000073			# 08:00-15:00			
Kilian Schulz	00000072	//	GL 08:00-17:00	GL 08:00-17:00	# 08:00-18:00	GL 08:00-17:00	GLB 08:00-13:00
Janina Taube	00000071	FR 05:30-14:15	FR 05:30-14:15	GL 08:00-17:00	FR 05:30-14:15	SP 14:00-22:45	FR 05:30-14:15

Abbildung 4.22: Ausgabe der Plantafel im Standard – Detailinformationen

4.5.2 Ausdruck des Bedarfsabgleichs im Standard

Die Auswahlmöglichkeiten für die Ausgabe des Bedarfsabgleichs im Standard sind bis auf geringe Abweichungen analog zu den Optionen bei der Plantafel (siehe Abbildung 4.23).

Druckoptionen festlegen

Ausgabe

Ausgabe von Bedarfsabgleich über Standard Drucken

Optionen zur Standard-Ausgabe des Bedarfsabgleichs

Zeitraum und Seiteneinteilung der Ausgabe

Zeitraum von 01.10.2023 bis 31.10.2023

- (●) alles in einer Liste
- ( ) monatsweise
- ( ) wochenweise

Voransicht

- (●) Ausdruck nach vorheriger Seitenansicht
- ( ) Ausdruck sofort

Tages-und Datumsformat

- (●) Tag
- ( ) Tag/Monat
- ( ) Tagesbezeichnung und Tag
- ( ) Tagesbezeichnung und Tag/Monat
- ( ) Tagesbezeichnung und Tag/Monat/Jahr

Abweichende Spaltenbreiten

Einsatzkürzel
Von
Bis
Objekttyp
Objekt
Objektbezeichnung
Stelle
Stellenbezeichnung
Kommentar
Kz. für Zusatzbedarf
Qualifikation
Tagesspalten

Zusätzliche Ausgabemöglichkeiten

- [ ] Zeile für Kalenderwochen
- [ ] Zeile für Wochentage
- [ ] Objekttyp ausgeben
- [ ] Objekt ausgeben
- [ ] Objektbezeichnung ausgeben
- [ ] Stelle ausgeben
- [ ] Stellenbezeichnung ausgeben
- [ ] Kommentar ausgeben
- [ ] Kz. für Zusatzbedarf ausgeben
- [ ] Qualifikation ausgeben

✓ Übernehmen Optionen sichern ✕

Abbildung 4.23: Druckoptionen für den Bedarfsabgleich im Standard

Im Bedarfsabgleich stehen Ihnen die Einstellungen zur Ausgabe von Einsatzkürzeln und Einsatzzeiten nicht zur Verfügung. Des Weiteren sehen Sie Unterschiede bei den zusätzlichen Ausgabemöglichkeiten und abweichenden Spaltenbreiten.

ZUSÄTZLICHE AUSGABEMÖGLICHKEITEN

Die erweiterten Ausgabemöglichkeiten beschränken sich im Bedarfsabgleich zum einen auf die Ausgabe zusätzlicher Spalten mit weiteren Informationen und zum anderen auf die Option, im Kopf Zeilen für die Ausgabe der KALENDERWOCHE und des WOCHENTAGES anzudrucken.

ABWEICHENDE SPALTENBREITEN

Mit dieser Option haben Sie die Möglichkeit, die Ausgabebreite zu beeinflussen, indem Sie abweichende Spaltenbreiten für z. B. EINSATZKÜRZEL, STELLEN und QUALIFIKATIONEN festlegen. Auf diese Weise können Sie die Ausgabe nach Ihren Bedürfnissen ausrichten, anstatt mit dem SAP-Standard vorliebzunehmen.

Der Bedarfsabgleich dient lediglich dazu, zu sehen, ob die eingestellten Bedarfe ungedeckt, teilweise gedeckt oder gedeckt sind. Es sind keinerlei Informationen über die zugeordneten Mitarbeiter enthalten, wie auch Abbildung 4.24 zeigt.

Bedarfsabgleich für Sollplan vom 01.10.2023 - 31.10.2023 (KW 39 - 44)
Organisationseinheiten: Verkauf (QLI_MITT_VK) / Service (QLI_MITT_SV) / Kundendienst (QLI_MITT_KD) /
Erstellt von SCHUETTLER , 03.08.2024

	Ek	von	bis		01	02	03	04	05	06	07	08	09	10	11	12	13
Σ	FR	##:##	##:##	Soll	4	6		6	6	6	4	4	6	6	6	6	6
Σ		00:00	00:00	Ist	3	3		2	1	2	0	2	1	2	4	3	4
	FR	05:30	14:15	Soll		2		2	2	2			2	2	2	2	2
	FR	05:30	14:15	Ist		2		2	1	2			1	2	2	2	2
	FR	05:30	14:15	Soll	1						1	1					
	FR	05:30	14:15	Ist	1						0	1					
	FR	05:30	14:15	Soll		1		1	1	1			1	1	1	1	1
	FR	05:30	14:15	Ist		1		0	0	0			0	0	1	1	1
	FR	05:30	14:15	Soll	2						2	2					
	FR	05:30	14:15	Ist	2						0	1					
	FR	05:30	14:15	Soll		2		2	2	2			2	2	2	2	2
	FR	05:30	14:15	Ist		0		0	0	0			0	0	1	0	1
	FR	05:30	14:15	Soll	1						1	1					
	FR	05:30	14:15	Ist	0						0	0					
	FR	05:30	14:15	Soll		1		1	1	1			1	1	1	1	1
	FR	05:30	14:15	Ist		0		0	0	0			0	0	0	0	0
Σ	SP	##:##	##:##	Soll	3	3		3	3	3	3	3	3	3	3	3	3
Σ		00:00	00:00	Ist	0	0		0	1	0	2	0	1	0	1	0	1
	SP	14:00	22:45	Soll	1						1	1					
	SP	14:00	22:45	Ist	0						1	0					
	SP	14:00	22:45	Soll		1		1	1	1			1	1	1	1	1
	SP	14:00	22:45	Ist		0		0	0	0			0	0	0	0	0
	SP	14:00	22:45	Soll	2						2	2					
	SP	14:00	22:45	Ist	0						1	0					
	SP	14:00	22:45	Soll		2		2	2	2			2	2	2	2	2
	SP	14:00	22:45	Ist		0		0	1	0			1	0	1	0	1

Abbildung 4.24: Bedarfsabgleich im Standard

☛ Anzeige der Summenzeile

Ist die Bedarfsverdichtung aktiviert (siehe Abschnitt 3.3.1), so wird die Summenzeile vor jenen Bedarfen angezeigt, die verdichtet wurden. Sie gibt eine Gesamtsumme der gedeckten Bedarfe aus – allerdings nicht, welche einzelnen Bedarfe gedeckt sind; dadurch ist diese Darstellungsweise leider nicht sehr übersichtlich. Die Summenzeile ist durch das Summenzeichen Σ in der ersten Spalte gekennzeichnet und nicht farblich hinterlegt.

☛ Bedarfsabgleich ein- oder zweizeilig

Für die Druckausgabe im Standard gilt: Haben Sie die Anzeige des Bedarfsabgleichs auf ein- oder zweizeilig eingestellt (siehe Abschnitt 3.3.1), so wird dies auch angedruckt. Abbildung 4.24 zeigt den Bedarfsabgleich zweizeilig.

4.5.3 Ausdruck der Plantafel mit Microsoft Excel

Die Ausgabe der Plantafel über MS Excel ermöglicht die Weitergabe der Plandaten in einem Medium, dessen Handhabung den meisten Anwendern vertraut ist. Zugleich lässt es umfangreiche Anpassungen und Ergänzungen durch den Anwender nach der Ausgabe zu. Die Auswahl der Mitarbeiter funktioniert analog zum Standard.

Ihnen stehen nur sehr wenige Anpassungsmöglichkeiten in den Druckoptionen zur Verfügung (siehe Abbildung 4.25).

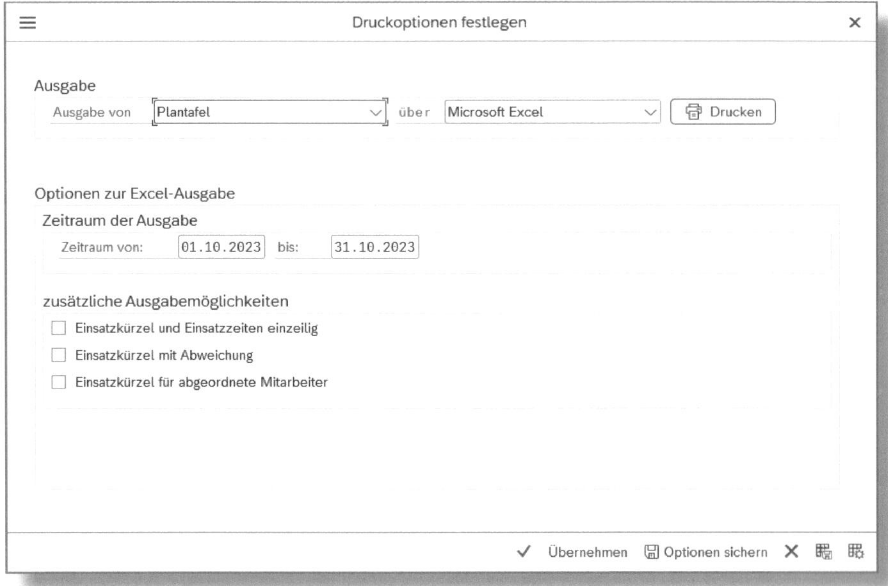

Abbildung 4.25: Druckoptionen für die Plantafel mit MS Excel

Neben der Änderung des Ausgabezeitraums haben Sie noch folgende zusätzliche Optionen:

Einsatzkürzel und Einsatzzeiten einzeilig

Hiermit legen Sie fest, dass neben dem Einsatzkürzel auch die Einsatzzeiten ausgegeben werden.

Einsatzkürzel mit Abweichung

Diese Option ist analog zu den zusätzlichen Ausgabemöglichkeiten der Plantafel im Standard (siehe Abschnitt 4.5.1).

Einsatzkürzel für abgeordnete Mitarbeiter

Auch diese Option verhält sich analog zu den zusätzlichen Ausgabemöglichkeiten der Plantafel im Standard (siehe Abschnitt 4.5.1).

Nach dem Start der Ausgabe über den Button DRUCKEN wird die Zeitbewertung (Simulationslauf) ausgeführt. Dies ist notwendig für die Berechnung der auszugebenden Zeitarten. Unter Umständen erhalten Sie vor der Ausgabe noch ein Fehlerprotokoll mit Meldungen aus der Zeitwirtschaft (siehe Abbildung 4.26).

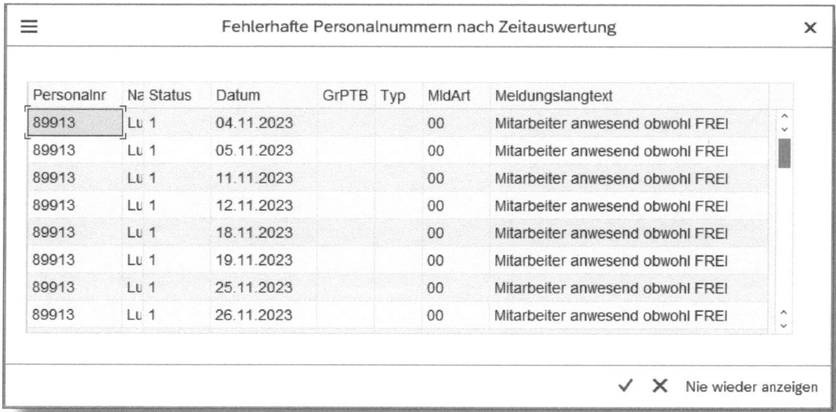

Fehlerhafte Personalnummern nach Zeitauswertung

Personalnr	Na	Status	Datum	GrPTB	Typ	MldArt	Meldungslangtext
89913	Lu	1	04.11.2023			00	Mitarbeiter anwesend obwohl FREI
89913	Lu	1	05.11.2023			00	Mitarbeiter anwesend obwohl FREI
89913	Lu	1	11.11.2023			00	Mitarbeiter anwesend obwohl FREI
89913	Lu	1	12.11.2023			00	Mitarbeiter anwesend obwohl FREI
89913	Lu	1	18.11.2023			00	Mitarbeiter anwesend obwohl FREI
89913	Lu	1	19.11.2023			00	Mitarbeiter anwesend obwohl FREI
89913	Lu	1	25.11.2023			00	Mitarbeiter anwesend obwohl FREI
89913	Lu	1	26.11.2023			00	Mitarbeiter anwesend obwohl FREI

Nie wieder anzeigen

Abbildung 4.26: Fehlerhafte Personalnummern

Die Ausgabe erfolgt in der Schrift- und Farbformatierung der Planungsübersicht für die jeweiligen Einsatzkürzel. Die maximale Anzahl an Zeilen je Tabellenblatt beträgt 65. Sollten mehr Mitarbeiter in der Plantafel vorhanden sein, werden weitere Tabellenblätter für die Ausgabe angelegt. Die Abbildung 4.27 zeigt die Ausgabe der Plantafel in MS Excel.

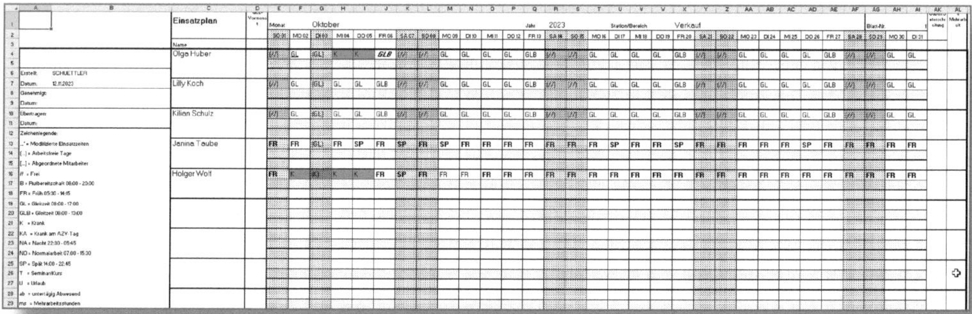

Abbildung 4.27: Plantafel in MS Excel

4.5.4 Ausdruck des Bedarfsabgleichs mit Microsoft Excel

Die in Abschnitt 4.5.3 erwähnten Vorteile und Voraussetzungen für die Ausgabe mit MS Excel gelten hier gleichermaßen. Die Druckoptionen beschränken sich neben der Änderung des Ausgabezeitraums auf die Möglichkeit, zusätzliche Felder in die Ausgabe aufzunehmen, wie z. B. den OBJEKTTYP und die OBJEKTBEZEICHNUNG des Bedarfsverursachers (siehe Abbildung 4.28).

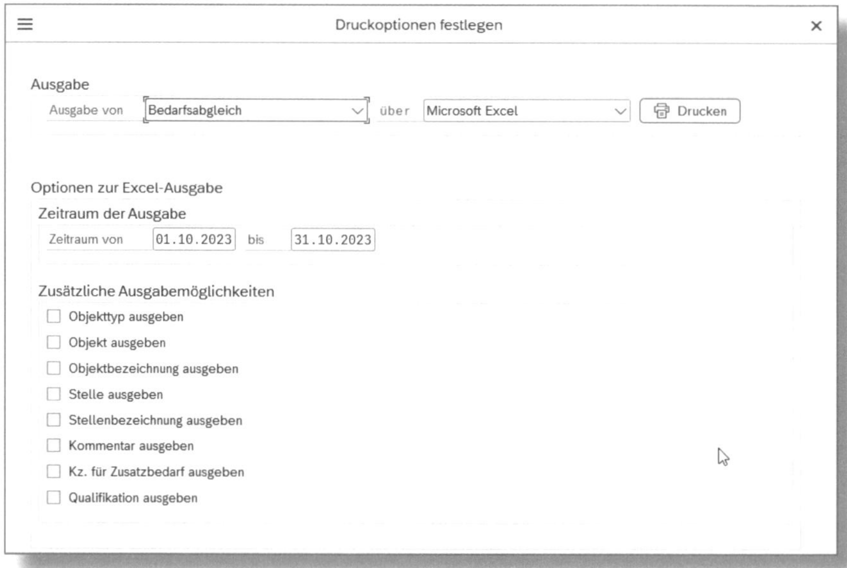

Abbildung 4.28: Druckoptionen für den Bedarfsabgleich mit MS Excel

Die Ausgabe erfolgt einschließlich der festgelegten Farbformatierung der Bedarfsdeckungen, wie auch in Abschnitt 3.2.1 erläutert wurde. Die maximale Anzahl an Zeilen je Tabellenblatt beträgt in diesem Fall 76. Ist die Menge der Bedarfe größer als die maximale Zeilenanzahl, so wird für die Ausgabe ein weiteres Tabellenblatt angelegt. Die Abbildung 4.29 illustriert die Ausgabe des Bedarfsabgleichs mit MS Excel ohne Bedarfsverdichtung.

Bedarfsabgleich

Erstellt:	SCHUETTLER
Datum:	12.11.2023
Datum:	
Genehmigt:	
Übertragen:	
Datum:	
Monat:	Oktober
Jahr	2023

EK	von	bis		SO 01	MO 02	DI 03	MI 04	DO 05	FR 06	SA 07	SO 08	MO 09	DI 10	MI 11	DO 12	FR 13	SA 14	SO 15	MO 16	DI 17	MI 18	DO 19	FR 20
FR	05:30	14:15	Soll		1		1	1	1			1	1	1	1	1			1	1	1	1	1
FR	05:30	14:15	Ist		1		1	0	1			0	1	0	1	0			1	0	1	1	0
FR	05:30	14:15	Soll	1						1	1						1	1					
FR	05:30	14:15	Ist	1						0	1						1	1					
FR	05:30	14:15	Soll		1		1	1	1			1	1	1	1	1			1	1	1	1	1
FR	05:30	14:15	Ist		0		0	0	1			0	0	1	1	1			1	1	1	1	1
FR	05:30	14:15	Soll	2						2	2						2	2					
FR	05:30	14:15	Ist	1						0	1						1	1					
FR	05:30	14:15	Soll		2		2	2	2			2	2	2	2	2			2	2	2	2	2
FR	05:30	14:15	Ist		0		0	0	0			0	0	1	0	1			0	0	0	0	0
FR	05:30	14:15	Soll	1						1	1						1	1					
FR	05:30	14:15	Ist	0						0	0						0	0					
FR	05:30	14:15	Soll		1		1	1	1			1	1	1	1	1			1	1	1	1	1
FR	05:30	14:15	Ist		0		0	0	0			0	0	0	0	0			0	0	0	0	0
SP	14:00	22:45	Soll	1						1	1						1	1					
SP	14:00	22:45	Ist	0						1	0						0	0					
SP	14:00	22:45	Soll		1		1	1	1			1	1	1	1	1			1	1	1	1	1
SP	14:00	22:45	Ist		0		0	0	0			0	0	0	0	0			0	0	0	0	0
SP	14:00	22:45	Soll	2						2	2						2	2					
SP	14:00	22:45	Ist	0						1	0						0	0					
SP	14:00	22:45	Soll		2		2	2	2			2	2	2	2	2			2	2	2	2	2
SP	14:00	22:45	Ist		0		0	1	0			1	0	0	0	0			0	1	0	0	1

Abbildung 4.29: Bedarfsabgleich mit MS Excel

4.6 Fazit

Die Standardauswertungen der SAP-Personaleinsatzplanung bieten dem Planer umfangreiche Möglichkeiten, die An- und Abwesenheiten einzelner Mitarbeiter oder der gesamten Organisationseinheit darzustellen. Zudem kann er jedem Mitarbeiter eine detaillierte Übersicht der Zeitauswertungsinformationen an die Hand geben. Und schließlich lässt sich der Einsatzplan mit seinen beiden Komponenten Plantafel und Bedarfsabgleich auf Papier bringen. Ich hoffe, Ihnen alle diese Auswertungen und ihre Gestaltungsmöglichkeiten in diesem Kapitel nähergebracht zu haben.

5 Fazit: Vorteile und Defizite der Personaleinsatzplanung in SAP ERP HCM

Die in diesem Buch beschriebene SAP-Lösung gibt es bereits seit 1994. Zweifelsfrei eine funktional ausgereifte Anwendung mit vielen zufriedenen Kunden. In einer sich ständig wandelnden IT-Landschaft muss aber die Frage gestellt werden, wie es um die Zukunft der Personaleinsatzplanung in SAP ERP HCM bestellt ist.

Die SAP-Personaleinsatzplanung wurde vor über 25 Jahren entwickelt und hat über die Jahre ihren Praxistest vielfach bestanden. Ihre Entwicklung wurde von Arbeitskreisen der deutschsprachigen SAP-Anwendergruppen kritisch begleitet: der Unterarbeitsgruppe Personaleinsatzplanung innerhalb der Deutschsprachigen SAP-Anwendergruppe e. V. (DSAG) sowie den Arbeitsgruppen Personalwesen Österreich bzw. Schweiz. Insbesondere die Unterarbeitsgruppe Personaleinsatzplanung hat sich vor vielen Jahren auch gegenüber der SAP mit ihrer Forderung durchgesetzt, die Personaleinsatzplanung weiterzuentwickeln. Die Prioritäten dieser – zugegeben eher geringfügigen – Weiterentwicklung werden durch die Mitglieder dieser Arbeitsgruppe gesetzt.

Außerdem haben zahlreiche Kunden und Berater in ihren Implementierungsprojekten die Software erfolgreich mit den Anforderungen der Planungsprozesse in ihren jeweiligen Unternehmen konfrontiert. Dabei wurden auch komplexe Szenarien mit Standardmitteln umgesetzt. Ein permanent wachsendes Instrumentarium für Kundenerweiterungen sorgt dafür, dass nur noch in seltenen Fällen das System modifiziert werden muss (und zwar in dem Sinne, dass Eingriffe in den SAP-Quellcode notwendig sind).

Obwohl stetig weiterentwickelt wird, zeigen die Erfahrungen aus der SAP-Wartung eine hohe Stabilität der Software. Personelle Kontinuität, verbunden mit einem sorgfältigen Qualitätsmanagement und der eben schon erwähnten guten Zusammenarbeit mit Kunden, verringert in den meisten Fällen Fehler und unbeabsichtigte Nebenwirkungen.

Funktional zeigt eine Gegenüberstellung der in diesem Buch dargestellten Prozesse der Personaleinsatzplanung mit den tatsächlichen Möglichkeiten Defizite in folgenden Punkten auf (wobei diese durch Kundenentwicklungen um die Personaleinsatzplanung teilweise schon behoben wurden):

- Eine Generierung von Bedarfen aus Vorsystemen wird im Standard nicht unterstützt. Dies gilt auch für Prozesse, die sich bei der Überführung der Bedarfe aus anderen Systemen in das HCM-System (Freigabe, Änderungsdienst) ergeben.
- Der systematische Aufbau von Fehlzeitenplänen ist im Standard ebenso wenig vorgesehen wie ein Tool zur Erstellung von Schichtplänen.
- Die Pflege der Bedarfe ist wenig flexibel und gestaltet sich bei kurzfristigen Änderungen eher aufwendig.
- Der automatische Zuordnungsassistent ist im Standard kaum nutzbar: Er arbeitet die Mitarbeiter von oben nach unten starr ab, und so kommt es vor, dass ein Mitarbeiter z. B. einen kompletten Monat Bereitschaften bekommt. Das ist wenig zu gebrauchen.

Die Kunden, die heute ein modernes Personaleinsatzplanungssystem suchen, bei dem der Mitarbeiter auch Verfügbarkeiten, Nichtverfügbarkeiten, Schichtwünsche äußern kann und alles per Push-Nachricht über das Smartphone erhält, trennen sich häufig von der SAP-Personaleinsatzplanung und wechseln zu modernen Workforce-Management-Anbietern. Doch bei diesen Herstellern ist vielfach deutlich geworden, dass ein reines Planungstool ohne eine integrierte Zeitwirtschaft kaum nutzbar ist. Dies bedeutet wiederum, dass diese Kunden ihre über Jahre gewachsene SAP-Zeitwirtschaft ebenfalls ablösen müssten, was jedoch mit hohen Kosten einherginge.

Denn ein wichtiges Argument bei der Entscheidung für oder gegen die Personaleinsatzplanung ist die hohe Integration in das SAP-HCM-

System. Sämtliche personalbezogene Daten stehen dadurch zur Verfügung, sie werden – dort, wo es sinnvoll ist – auch online durch die Personaleinsatzplanung gepflegt. Dies reicht vom Organisationsmanagement über die Stammdaten bis zu den Datenbanken der Zeitwirtschaft. Somit hat der Kunde mit der Personaleinsatzplanung ein Werkzeug an der Hand, das sich schnell und fugenlos in seine SAP-HCM-Landschaft einfügt.

Es verwundert also nicht, dass es trotz des hohen Alters der SAP-Personaleinsatzplanung immer noch Einführungsprojekte gibt – denn die Lösung kann mit minimalem Aufwand im Projekt umgesetzt werden.

A Der Autor

Thomas Schüttler arbeitet seit mehr als zehn Jahren als Senior Consultant in einem renommierten Beratungsunternehmen und hat in diesem Zeitraum mehrere Einführungsprojekte zur Personaleinsatzplanung begleitet.

Vor dieser Zeit war er über mehrere Jahre verantwortlich für die Einführung der SAP-Personaleinsatzplanung an der Universitätsmedizin Göttingen und hat selbst aktiv über einen langen Zeitraum Einsatzplanungen durchgeführt.

Als Sprecher der DSAG-Unterarbeitsgruppe Personaleinsatzplanung betreut Thomas Schüttler seit 2006 Anwender, Ansprechpartner und Verantwortliche verschiedenster Branchen und Unternehmen.

B Index

D

E

F

H

I

K

L

M

N

O

P

Q

R

S

T

U

C Disclaimer

Die in diesem Werk wiedergegebenen Gebrauchsnamen, Handelsnamen, Warenbezeichnungen usw. können auch ohne besondere Kennzeichnung Marken sein und als solche den gesetzlichen Bestimmungen unterliegen. Sämtliche in diesem Werk abgedruckten Bildschirmabzüge unterliegen dem Urheberrecht der SAP SE, Dietmar-Hopp-Allee 16, 69190 Walldorf.

In dieser Publikation wird auf Produkte der SAP SE Bezug genommen. SAP®, ABAP®, ExpenseIt®, Joule, OpenSAP®, SAP ActiveAttention®, SAP® Adaptive Server® Enterprise, SAP® Advantage Database Server®, SAP® AppGyver®, SAP Ariba®, SAP Business ByDesign®, SAP® Business Explorer®, SAP® Bex, SAP® BusinessObjects, SAP® BusinessObjects Explorer®, SAP® BusinessObjects Web Intelligence®, SAP Business One®, SAP Business Workflow®, SAP BW/4HANA®, SAP Concur®, SAP® Crystal Reports®, SAP EarlyWatch®, SAP® Emarsys®, SAP Fieldglass®, SAP Fiori®, SAP Garden®, SAP® Global Trade Services (SAP® GTS®), SAP HANA®, SAP® Jam, SAP Lumira®, SAP MaxAttention®, SAP® MaxDB®, SAP NetWeaver®, SAP® PartnerEdge®, SAP® Sapphire®, SAP® PowerBuilder®, SAP® PowerDesigner®, SAP® R/3®, SAP® Replication Server®, SAP® Roambi®, SAP S/4HANA®, SAP S/4HANA® Cloud, SAP Signavio®, SAP® SQL Anywhere®, SAP Strategic Enterprise Management® (SAP® SEM®), SAP SuccessFactors®, SAP Vora®, Taulia®, The Best Run SAP®, TripIt® und weitere im Text erwähnte SAP-Produkte und -Dienstleistungen sowie die entsprechenden Logos sind Marken oder eingetragene Marken der SAP SE in Deutschland und anderen Ländern. Die Angaben im Text sind unverbindlich und dienen lediglich zu Informationszwecken. Produkte können länderspezifische Unterschiede aufweisen.

Der SAP-Konzern übernimmt keinerlei Haftung oder Garantie für Fehler oder Unvollständigkeiten in dieser Publikation. Der SAP-Konzern steht lediglich für SAP-Produkte und -Dienstleistungen nach der Maßgabe ein, die in der Vereinbarung über die jeweiligen Produkte und Dienstleistungen ausdrücklich geregelt ist. Aus den in dieser Publikation enthaltenen Informationen ergibt sich keine weiterführende Haftung.

Weitere Bücher von Espresso Tutorials

Marcel Schmiechen:

Berechtigungen in SAP® ERP HCM – Einrichtung und Konfiguration

- Rollen- und Profilvergabe im SAP-Personalwesen
- Aufbau eines HCM-Berechtigungskonzepts
- Strukturelle und kontextsensitive Berechtigungen
- SAP-Portalrollen vs. Backend-Rollen

http://5160.espresso-tutorials.de

Marcel Schmiechen:

Berechtigungen in SAP® ERP HCM – Erweiterung und Optimierungen

- Erweiterungen durch Implementierung von BAdI-Definitionen
- Optimierung von Laufzeiten bei der Pufferung struktureller Profile
- Grundlagen der sicheren Programmierung in SAP HCM
- Verwendung und Vorteile der logischen Datenbank

http://5161.espresso-tutorials.de

Wolf Kanngießer:

Formulargestaltung in SAP® HCM – PDF-Formulare mit HR Forms erstellen

- ▶ Formular erstellen am Beispiel »Mitarbeiterprofil«
- ▶ Gestalten mit dem Adobe LiveCycle Designer
- ▶ Das Datenkaufhaus MetaNet
- ▶ Erweiterte Funktionen, Paginierung, einfache Scriptings

http://5198.espresso-tutorials.de

Stefan Endrejat:

Personalabrechnung und Administration mit SAP® ERP HCM (SAP HR)

- ▶ SAP-Personalabrechnung sicher & korrekt ohne externe Dienstleister
- ▶ Alle abrechnungsrelevanten Infotypen und Transaktionen
- ▶ B2A-Manager – zentrale Schaltstelle zu den Behörden
- ▶ Tipps und Tricks für Key-User

http://5201.espresso-tutorials.de